W0192687

# Sagenhaftes
## aus der Heimat
## der Brüder Grimm

Wartberg Verlag

**Herausgeber:** Deutsche Märchenstraße
GrimmHeimat NordHessen
Landkreis Kassel

**Redaktion
und Konzeption:** Harald Kühlborn und Anne Riedel

**Autoren:** Irene Gräfe, Dr. Bernhard Heitsch,
Verena Joos, Ilona Lenart, Ralf Pasch,
Anne Riedel, Susanne Scherer-Maaß,
Corinna Schöps, Rainer Schumann,
Anne-Kathrin Stöber, Joachim Tornau

**Fotos:** Alle Fotos von Paavo Blåfield mit Ausnahme der Seiten
20 Bad Hersfelder Festspiele (Stefan Odry)
40, 87 Georg Walm
49 unten Stadt Kaufungen
62 Stadt Bad Hersfeld
67 (Reinhard Dirscherl),
91 (Bildagentur Huber/Gräfenhain) dpa Picture-Allinace GmbH

1. Auflage 2011

Alle Rechte vorbehalten, auch die des auszugsweisen Nachdrucks und der fotomechanischen Wiedergabe.

**Druckerei:** Thiele & Schwarz, Kassel

**Buchbinderische
Verarbeitung:** Büge, Celle

**Umschlag- und
Buchgestaltung:** Sabine Laubig, Berlin

© Wartberg Verlag GmbH & Co. KG
34281 Gudensberg-Gleichen
Im Wiesental 1
Telefon 05603-93050
www.wartberg-verlag.de
ISBN 978-3-8313-2372-2

Mit freundlicher Unterstützung der Kasseler Sparkasse

Wartberg Verlag

# Editorial

Und noch ein Bildband über das Märchenland der Brüder Grimm? Diese Frage stellt sich im Vorfeld der Superjubiläumsjahre 2012/2013 nicht von ungefähr. Ein weiterer Bildband müsste dann schon etwas besonderes sein – anders als das Gewohnte und Bekannte. Das ist ein hoher Anspruch und ob dieser Anspruch eingelöst werden konnte, müssen Sie entscheiden.

Anders als das Gewohnte und Bekannte ist bereits die inhaltliche Struktur des Bandes und der durch die Bilder vermittelte ästhetische Genuss. Für beides konnten eine Riege erstklassiger Autorinnen und Autoren unter der konzeptionellen und inhaltlichen Leitung von Anne Riedel sowie Paavo Blåfield als Bildkünstler gewonnen werden. Es bedurfte daher auch keine große Überredungskunst, dem Wartberg-Verlag die Realisierung des Projekts schmackhaft zu machen.

Anders als das Gewohnte und Bekannte ist allerdings auf jeden Fall das Herausgeber-Netzwerk und die so bisher für Nordhessen noch nicht umgesetzte Verbindung von Texten und Bildern. Netzwerkbeteiligte sind die GrimmHeimatNordhessen, die sich unter dem Dach des Regionalmanagements erfolgreich um die touristische Vermarktung des Märchenlands der Brüder Grimm kümmert. Hinzu kommt die Deutsche Märchenstraße, die von ihrem Auftrag her natürlich weit über Nordhessen hinaus die Märchen- und Sagenwelt fest im Blick hat. Neben der Stadt Kassel trägt der Landkreis Kassel die Geschäftsstelle der Deutschen Märchenstraße – der Landkreis ist ein weiterer Netzwerker, der ein vergriffenes und bisher allein auf das Kreisgebiet ausgerichtetes Buch über Märchen und Sagen als Anlass genommen hat, das Kirchturmdenken aufzugeben und „Sagenhaftes" anzustreben. Sagenhaft ist auch die Bedeutung des Geldes – gerade in Märchen- und Sagenwelten. Erster Ansprechpartner für Sterntaler und Co. ist die Kasseler Sparkasse, die auch für dieses Projekt finanzielle Verantwortung für die gesamte Tourismusregion Nordhessen übernommen hat.

„Sagenhaftes aus dem Land der Brüder Grimm" ist ein Buch, das einen aktiv werden lässt. Selbst den Sagen- und Märchenorten nachzuspüren ist das eine – andere von dem „Sagenhaften" zu berichten und damit zum Botschafter unserer Region zu werden ist die andere Aktivitätsalternative. Am besten, man macht einfach beides! Dabei und beim Blättern und Lesen wünschen Ihnen das Herausgeber-Netzwerk und alle, die bei an der Realisierung des Bildbandes beteiligt waren, viel Vergnügen!

# Inhalt

# Sababurg

## Unwirsche Riesen, Dornröschen und die wilden Sababurger

„Rings um das Schloss aber begann eine Dornenhecke zu wachsen, die jedes Jahr höher ward und endlich das ganze Schloss umzog und darüber hinaus wuchs, dass gar nichts mehr davon zu sehen war, selbst nicht die Fahne auf dem Dach."

$W$ o dieses, im Grimmschen Märchen von Dornröschen beschriebene, verzauberte Schloss zu finden ist, das weiß man schon lange: Es kann, meint der Volksmund, nur die Sababurg bei Hofgeismar sein.

Denn da hat man Erfahrung mit sagenhaften Bewohnern: Irgendwann in grauer Vorzeit, so wird berichtet, wohnte auf der Burg ein so zauberkräftiger wie unwirscher Riese, der mit dem Nachbarriesen vom Schöneberg im Dauerstreit lag. Als er erfuhr, dass sich seine Tochter – all seinen Verboten zum Trotz – mit dem Sohn des ungeliebten Nachbarn traf, ja, ihm sogar in tiefer Liebe verbunden war, da ließ er seinem Jähzorn freien Lauf: Er verwandelte das Liebespaar in zwei mächtige Eichen, die gerade so weit voneinander entfernt standen, dass sich ihre Zweige nicht berühren konnten. Und waren sie doch einmal kurz davor, dann kam unweigerlich ein Sturm auf und stoppte den Annäherungsversuch. Oder ein Blitz schlug ein und versengte die tastenden Äste. Gemein. „Der dicke Förster", wie die eine Eiche genannt wurde, fiel vor einigen Jahren sogar zur Gänze einem Feuer zum Opfer. Die einstige Liebhaberin, in Gestalt der Eiche als „Dicke Margarethe" bekannt, stand länger als der dicke Förster im legendären Urwald. Davon an anderer Stelle mehr.

Es gibt mehrere Sagen, die sich um die Sababurg ranken. Sicher verbürgt ist dieses: Vor mehr als 675 Jahren, am 19. April 1334, begann der Bau der mittelalterlichen „Zappaborgck": Der Erzbischof von Mainz ließ die Festung auf einem erloschenen Vulkan errichten – zum Schutz des nahen Wallfahrtsorts Gottsbüren ebenso wie als Vorposten gegen die benachbarten Landesherren. Was denen freilich so wenig in den Kram passte, dass der Burg kein allzu langes Leben beschieden war: Die Truppen des Erzbischofs wurden vertrieben und bereits nach gut einem Jahrhundert stand auf dem 346 Meter hohen Basaltkegel nur noch eine Ruine.

Dornröschen
Sababurger

Dabei aber sollte es nicht bleiben: Die Landgrafen von Hessen, in deren Besitz die verfallene Anlage übergegangen war, ließen im Jahr 1490 erneut die Arbeiter anrücken – und legten damit den Grundstein für das, was auch heute noch im Reinhardswald zu bestaunen ist: Es entstand nicht nur ein prächtiges Jagdschloss, das für die nächsten 300 Jahre eine feste Adresse im höfischen Leben der Landgrafen von Hessen wurde, sondern auch ein ausgedehnter Tierpark – einer der ältesten und größten in Europa. Wo zunächst vor allem die „Sababurger Wilden" in einer frühen Pferdezucht gehalten wurden, sind heute urwüchsige Wisente, Auerochsen und Wildpferde, aber auch mächtige Greifvögel, Luchse, Wölfe und putzige Pinguine zu Hause.

Zeitweilig war das gesamte Gelände tatsächlich von einer drei Meter hohen und fünf Kilometer langen Hecke umgeben. Wie im Märchen von Dornröschen eben – auch wenn das stachelige Gestrüpp wohl eher zum Schutz der Pferde vor wilden Tieren gepflanzt worden war und weniger wegen einer hübschen Königstochter. Diese soll sich einst an einer Spindel gestochen haben und, bedingt durch einen Fluch, mitsamt dem ganzen Hofstaat in einen hundertjährigen Schlaf gesunken sein.

In einen Dornröschenschlaf fiel auch die Sababurg. Im 19. Jahrhundert wurde das Jagdschloss aufgegeben. Die prächtigen Bauten verfielen, erneut verwaiste die Bergkuppe, die Natur eroberte sich das Terrain zurück. Was blieb, spornte die romantische Fantasie der Zeitgenossen mächtig an. Eine zugewucherte Ruine, versteckt hinter einer hohen Mauer im dunklen Reinhardswald: Das konnte nur ein Märchenschloss sein.

1957 dann wurde die Sababurg wieder wach geküsst: Die immer noch verwunschen anmutende, von Efeu und Rosen umrankte Anlage beherbergt heute ein Hotel mit Café und Restaurant. Und in der Ruine des Palas oder im alten Gewölbekeller verzaubern heute Konzerte, Lesungen und märchenhaftes Theater.

Am Fuße der Burg stoßen Besucher übrigens auf eine sonderbar anmutende Holzstatue, die ebenfalls an eine sagenhafte Geschichte des Ortes erinnert. Doch nicht Dornröschen stellt sie dar, auch nicht den unleidlichen Riesenzauberer, sondern eine weitere Riesin: Es ist Saba – eine von drei Töchtern des Riesen Kruko, die einst im Reinhardswald gelebt haben sollen. Aber das ist eine andere Geschichte.

# Die Krukenburg

# Eine wahrhaftige Burg,
## eine mörderische Riesin
## und die Strafe Gottes

*A*chtzig Meter hoch thront sie über dem Diemeltal, auf einem Berg, der sich riesenhaft über die Flussebene erhebt: Die mächtige Krukenburg, der Sage nach einst Sitz des Reinhardswald-Riesen Kruko und seinen drei Töchtern Brama, Saba und Trendula.

Die heidnische Trendula war bösartig – und wohl auch unersättlich: „Sieben in einer Nacht" soll jedenfalls auf ihrer Gürtelschnalle gestanden haben. Und sie lebte nicht nur in Unmoral und Saus und Braus, sondern war zu allem Übel auch noch eifersüchtig auf das gute Verhältnis zwischen ihren beiden christlichen Schwestern. Deshalb brachte sie Saba kurzerhand um. Die Stelle, an welcher der Schwestermord geschehen sein soll, hieß fortan die „Mordkammer".

Als Strafe für diesen Mord ereilte auch die mörderische Trendula ein jähes Ende: Ein Blitz erschlug sie auf offenem Feld. Der Sage nach war der göttliche Zorn so groß und der Blitz so gewaltig, dass ein riesiges Loch im Erdboden zurückblieb, das sich mit Wasser füllte. Der See wird seither „Nasser Wolkenbruch" genannt oder auch „das wassergrüne Grab der Riesin Trendula".

Eine andere Sage lässt einen bösen Zauberer auf der Krukenburg wohnen. Der begibt sich auf Brautschau und sucht die gräflichen Töchter heim: Giesela (die er hässlich findet), Lippolda (die mit Asche auf dem Haupt immer nur betet), Saba (wunderschön, doch mordlustig immer mit dem Speer auf der Jagd) und schließlich Trendula (seine Favoritin, die er im Zorn über ihre Abweisung in einem Erdloch verschwinden lässt). Der Zauberer selbst wird bald darauf von Steinmassen der von ihm im Zorn gesprengten Krukenburg erschlagen. Auch ein schlimmes Ende.

Soweit die Sagen. Von der eigentlichen Attraktion der Burg, der romanischen Basilika, gibt es keine Legenden. Dabei stand diese doch beinahe hundert Jahre ungeschützt und weit sichtbar auf dem hohen Krukenberg. Archäologen vermuten, dass an dieser exponierten Stelle schon in vorchristlicher Zeit eine Opferstelle zu finden war.

Gesichert ist, dass die Krukenburg zur Zeit Karls des Großen einzig dazu errichtet wurde, das nahegelegene Kloster Helmarshausen und die bereits 1126 auf dem Berg fertiggestellte Basilika zu schützen: Nach dem Willen des Bauherrn der Kirche, dem Paderborner Bischof Heinrich II., sollte es ein Nachbau der Heilig-Grab-Kirche sein. Die Pläne hierzu besorgte der Abt des Helmarshäuser Klosters, Wino, eigens aus Jerusalem. So besitzt die Basilika einen kreuzförmigen Grundriss mit einem kreisförmigen Mittelbau von mehr als 13 Metern Durchmesser. Darunter liegt der älteste Teil der Kirche, die Krypta. Auch sie wurde dem Heiligen Grab in Jerusalem nachempfunden. Allerdings ist sie nach Grabung und Freilegung 1939 wieder eingeebnet worden.

Der 22 Meter hohe Bergfried der Krukenburg dient heute als Aussichtsturm. Von dort aus kann der Blick über das Diemeltal, den Reinhardswald, den Solling und die Stadt Helmarshausen schweifen. Einen Riesen-Steinwurf entfernt liegt auch das Kurstädtchen Bad Karlshafen. 1699 vom hessischen Landgrafen Karl gegründet, durften sich hier, in der klar gegliederten Barockstadt an der Weser, die in ihrer französischen Heimat entrechteten Glaubensflüchtlinge ansiedeln.

Die hugenottischen Einwanderer waren bekannt für ihren Fleiß, ihren Wirtschaftssinn und ihre Handwerkskunst. Die Geschichte ihrer Verfolgung wird auch im Deutschen Hugenottenmuseum in Bad Karlshafen erzählt. Es ist eine wahre Geschichte.

# Die Trendelburg

## Die garstige Zauberin, eine lasterhafte Tochter und das traurige Ende

ichts geschieht, das Fenster hoch oben im Gemäuer bleibt leer, so lange man auch ruft: „Rapunzel, Rapunzel, lass dein Haar herunter!" Der Turm aber, beteuern die Menschen in Trendelburg, sei der richtige. Unübersehbar schon aus der Ferne, beherrscht er den Sandsteinfelsen über der Diemel, auf dem das Fachwerkstädtchen mit seiner mittelalterlichen Burganlage thront. Hier soll, so heißt es, die Schöne ihren Zopf für den Märchenprinzen heruntergelassen haben, auf dass der Königssohn zu ihr hinaufkletterte. Empfangen wurde er oben schließlich von der herzlosen Zauberin: „Für dich ist Rapunzel verloren", giftete sie. „Du wirst sie nie wieder erblicken!" Die Prognose, die sich schon im Grimmschen Märchen nicht bewahrheitete, sollte sich jedoch als falsch erweisen: Rapunzel und der Königssohn fanden trotz aller Widrigkeiten durch eine märchenhafte Fügung doch zueinander.

Leibhaftig zwar ist die langhaarige Dame aus Trendelburg verschwunden. Ihr Abbild aber findet sich hier noch heute – als einer der Scherenschnitte, mit denen der Künstler Albert Völkl die Laternen des Städtchens geschmückt hat. Motive aus Märchen der Brüder Grimm erstrahlen im abendlichen Lichtschein, aber auch Szenen aus der örtlichen Sagenüberlieferung. Denn die Trendelburg, so erzählt man sich, soll einst Wohnsitz der Riesentochter Trendula gewesen sein. Sie war so groß, dass sie mit Steinen aus ihrer Schürze Berge aufhäufen konnte. Und ein derart lasterhaftes und böses Leben führte sie, dass sie eines Tages in einem gewaltigen Gewitter vom Blitz erschlagen wurde. Von diesem Drama wird auch an anderer Stelle dieses Buches berichtet.

Die Gottesstrafe ereilte die Riesin auf einer Anhöhe bei Trendelburg, wo sich deshalb noch heute ein wassergefüllter Krater findet, der besagte „Nasse Wolkenbruch", in Erinnerung an das traurige Ende Trendulas.

# Die Stiftsruine

# Fromme Männer,
## viel Theater und Tragödien

*W*uchtige Quadersteine sind zu Mauern aufgetürmt, die den Himmel kratzen. Über einhundert Meter lang und bis zu sechzig Metern breit ist die einstige Stiftskirche der Abtei Hersfeld. Vor fast 250 Jahren, im Siebenjährigen Krieg, wurde sie niedergebrannt, Dach und Decken vernichtet. Das soll auch so bleiben. Und das obwohl die Ruine jedes Jahr im Sommer zum wohl größten Theater Hessens hergerichtet wird. Millionen hat man in vergangenen Jahren aufgewendet, nur um das ruinöse Bauwerk und eine der schönsten Bühnen zu erhalten.

Die Geschichte der Stiftskirche, der heute größten romanischen Ruine der Welt, beginnt mit dem Bau einer kleinen Einsiedelei im Jahre 736. Daraus entwickeln sich über die Jahrhunderte hinweg das Kloster und die Abtei Hersfeld, deren Vorsteher oft mehr zu sagen hatten als ihre weltlichen Landesherrn. Ihr allererster Prior trägt den Namen Sturm, ein Schüler und Gefährte von Bonifatius. Doch Sturmius zieht acht Jahre später weiter, um dem christlichen Glauben in Fulda ein starkes Haus zu bauen.

Die Einsiedelei Hersfeld untersteht nun vor allem dem Mainzer Erzbischof. Auf dessen Stuhl sitzt seit 754 ein frommer Mann namens Lullus. Die Hersfelder lieben ihn noch heute. Beim jährlichen Lullusfest ist „Bruder Lolls" in aller Munde. Unter seiner Führung nimmt Hersfeld einen gewaltigen Aufschwung. Zum einen sorgt er dafür, dass die „wundertätigen" Gebeine des Heiligen Wigberts von Fritzlar nach Hersfeld überführt werden. Das zieht Pilgerströme nach sich. Zum anderen besucht Lullus seinen König. Das ist Karl der Große. Und der unterzeichnet am 5. Januar 775 eine Urkunde, die Hersfeld zur Reichsabtei macht, das Kloster also direkt dem König unterstellt. Damit ist seine Zukunft gesichert.

Bis zum Jahre 815 schnellt die Zahl der Mönche auf 150 hoch. Bald wird ein größerer Bau nötig. Gut zweihundert Jahre beherbergt er die Mönche, bis im Jahre 1038 der Blitz einschlägt. Das Gebäude brennt nieder. Wieder muss neu gebaut werden. Jetzt aber dauert es mehr als einhundert Jahre, bis die neue Glaubensfestung eingenommen werden kann. Im Jahre 1144 schließlich feiert der Kaiser gemeinsam mit zahlreichen Erzbischöfen die Einweihung.

Fast 500 Jahre lang geht alles gut. Dann aber – im Jahre 1606 – löst sich die Abtei auf. Das Kloster wird nun auf vielfältige Weise genutzt. Im Siebenjährigen Krieg dient es französischen Truppen als Backwarenlager. Doch die Franzosen müssen Hersfeld überstürzt verlassen, als die Gegner bedrohlich nah vor die Stadt gerückt sind. 1761 setzen die Franzosen ihr Magazin in Brand: Die Vorräte sollen dem Gegner nicht in die Hände fallen. Das Kloster brennt ab und wird zur Ruine, wie sie sich heute den Besuchern darstellt. Ein Haus ohne Dach und Decken. Aber immer noch voller Leben, im Sommer jedenfalls, wenn die Festspiele anstehen.

Die ersten, die dafür tätig werden, sind die Zimmerleute. Schon im April rücken sie an, um die Bühne und die Zuschauerreihen einzuziehen. 1600 Plätze sind da Abend für Abend zu vergeben. Und oft genug sind sie ausverkauft. Neben *Evita*, *Jesus Christ Superstar* und anderen Musicals standen auch wahrhaftige Tragödien wie Goethes *Faust*, Shakespeares *Romeo und Julia* oder auch der *Jedermann* schon auf dem Spielplan. Was für ein Theater!

Der Sage nach hat es in diesem sakralen Bauwerk schon vor langer Zeit eine andere Tragödie gegeben, die einst sogar im Eingang der Kirche, auf einem Gemälde, abgebildet war. Danach gab es eine Riesin, die mit einem Menschen zusammenlebte und ihm ein nachgerade winziges Kind geboren hatte. Das kleine menschliche Wesen, so erzählt man sich schaudernd, soll von der riesenhaften Mutter verächtlich mit den Füßen zertreten worden sein.

# Schloss Berlepsch

## Gräfliche Raubritter, Goethe und Adenauer

Mächtig und erhaben, aus grobem Stein, mit finsterem Gewölbe und Tafelsaal, einsam gelegen auf einem hohen Bergsporn inmitten einer hügeligen Märchenlandschaft, nicht weit entfernt von Witzenhausen: Hier, auf Schloss Berlepsch, dem Prototyp einer Ritterburg, könnten die Träume so manches kleinen Jungen spielen. Ein großer Wald umgibt den Schlossfelsen, mit kapitalen Buchen, diesen urhessischen Bäumen, und mit Edelhölzern wie Ahorn und Esche.

Auch die einstige Tätigkeit der Adelsleute von Berlepsch regt die Fantasie an: Im 14. Jahrhundert, als sie ihre Burg erbauten, betätigten sie sich vornehmlich als Raubritter – und machten mit ihren Händeln den braven Kaufleuten das Leben schwer. So ersannen sie

beispielsweise eine mechanische Schiffsmeldeanlage, die hoch oben auf dem Schloss Alarm gab, wenn unten auf dem Flüsschen Werra beladene Kähne herankamen. So konnten die Ritter sich rechtzeitig aufs Pferd schwingen und die Waren abfangen.

Es ging dann nicht ganz so finster weiter: Spätere Grafen züchteten artig Vögel und wurden berühmte Ornithologen. Das Familienwappen erhielt vier Sittiche und noch heute tragen die Nachfahren „Sittich" oder „Sitta" als einen ihrer Vornamen. Goethe war mehrmals zu Gast und gestaltete gemeinsam mit der Herrin des Hauses den Schlossgarten nach englischem Vorbild.

In den Fünfzigerjahren des 20. Jahrhunderts erlebte die Burg dann eine Blütezeit der ganz anderen Art: Das nur rund 20 Kilometer entfernte Göttingen war Filmstadt geworden und einer der von Berlepschen Brüder arbeitete als Schauspieler. Und so entdeckten die Kinomacher das Schloss als wunderbare Kulisse für heitere Filme, etwa mit Heinz Erhard – aber auch als Drehort für düstere Edgar Wallace-Thriller. Nadja Tiller und Walter Giller nahmen Auszeiten im neu eröffneten Schlosshotel. Adenauer und Heuss bezogen Quartier, wenn sie im Lager Friedland Kriegsheimkehrer begrüßten.

Den Hotelbetrieb gaben die von Berlepschs in den 70er-Jahren auf. Heute finden im Schloss wieder Tagungen und Events statt – mit ritterlichen Festessen etwa oder Märkten. Eine kleine Café-Terrasse soll bald wie einst wieder die Ausflügler anziehen. Die Bestell-Sitten dürften sich seither allerdings geändert haben. Damals gab's nach dem Spaziergang „eine Sinalco und drei Strohhalme".

# Die Niester Riesen

# Der böse Fürst, ein fluchender Teufel und Gottes Lenkung

**Z**u Zeiten, als man sich zur Erklärung des Natürlichen noch gern auf das Übernatürliche berief, wuchs am Westhang des Kaufunger Waldes, unweit der Königsalm, eine Gruppe mächtiger Bäume in den Himmel. Deren Stämme und Kronen waren so gewaltig, dass niemand anders konnte, als sie für die verzauberten Riesen des Welfen-Herzogs Otto dem Quaden zu halten.

Dieser Fürst, dessen Beiname im Niederdeutschen „der Böse" lautete, lag einst in Fehde mit dem hessischen Landgrafen Heinrich II., beabsichtigte der Welfe doch, von der Burg Sichelnstein aus ins Hessenland einzufallen. Zum Glück hatte der Landgraf beizeiten direkt gegenüber dem Sichelnstein eine stark befestigte Burg errichten lassen, die er, seinem Widersacher zum Hohn, Burg Sensenstein nannte. Fortan zogen also Sichel und Sense gegeneinander zu Felde.

Nach vergeblichen Versuchen, die Trutzburg auf dem Sensenstein zu erstürmen, verfiel Otto der Quade auf die Idee, den Teufel zu Hilfe zu rufen und ihm seine Seele zu versprechen, falls es ihm gelänge, die Burg zu zerstören. Der Teufel schleuderte einen gewaltigen Felsblock in Richtung Sensenstein, verfehlte aber sein Ziel. Als er begriff, dass dies Gottes Werk war, flog er, lästerlich fluchend, auf Nimmerwiedersehen davon.

Da befahl Otto der Quade die gewaltigsten Riesen seines Landes zu sich. Die beschlossen, des Nachts getrennter Wege die Burg zu erstürmen. Einige bestiegen einen Berg und schleuderten gewaltige Felsbrocken auf den Sensenstein; andere schlichen durch den Wald, dem Sensenstein zu. Da aber Riesen nicht auf Samtpfoten schleichen, hörte sie ein Waldgeist, den Gott zum Schutz der Burg bestellt hatte. Der trat den Riesen in den Weg, hob seinen Zauberstab und verwandelte sie, mir nichts, dir nichts, in riesige Bäume.

Bis heute haben die „Niester Riesen" den Zeiten standgehalten – Mammutbäume aus fernen Weltgegenden, längst von der Botanik als exotische Fremdlinge klassifiziert. Wie sie in den Kaufunger Wald gelangten? Vielleicht als Setzlinge, die vor gut 200 Jahren für den Wilhelmshöher Park bestimmt waren. Und wenn nicht, war es vielleicht doch Zauberei.

# Felsberg

## Die reiche Gräfin, der Goldschatz und ein gieriger Mann

Auf einem schroffen Basaltfelsen thront über der Altstadt von Felsberg die Ruine eines Schlosses. Hier soll einst der Alchimist Klaus von Urbach auf Geheiß des Landgrafen versucht haben, Gold herzustellen. Und hier residierte in grauer Vorzeit auch eine ebenso schöne wie reiche Gräfin, die unsagbare Schätze gehortet haben soll. Der Reichtum freilich brachte ihr keinen Segen. Jedenfalls fand ihre Seele bis heute keine Ruh.

So geistert sie der Sage nach bis heute in den Ruinen ihres Schlosses herum, hütet ihren Schatz, den sie unter Verschluss hält. Und in der Neujahrsnacht zeigt sich die Dame, von den Felsbergern Schlüsselfrau genannt, oben am Schlossberg und lädt die Vorübergehenden winkend ein. Denn erlöst wird sie erst, wenn ihr Schatz gehoben ist, der in den unterirdischen Gemächern der Schloss-Ruine liegt.

Erhalten sind von diesem im 11. Jahrhundert begonnenen, im Dreißigjährigen Krieg zerstörten und inzwischen sanierten Bauwerk die Ringmauer mit Burgkapelle sowie der Bergfried. Den 1388 errichteten Turm nennen die Felsberger, die mit der Burg Heiligenberg und der Altenburg noch zwei weitere Burgen sowie im Ortsteil Böddiger einen weithin berühmten Weinberg haben, auch „Butterfass".

Von dort oben also winkt die Schlüsselfrau bisweilen und einst ließ sich ein mutiger Mann aus der Stadt von ihr ermuntern. Er folgte ihr in die unterirdischen Räume, sah dort einen riesigen Berg puren Goldes und daneben auf einem Tisch eine weiße Rose. Er möge sich das nehmen, was ihm als das Beste erscheine, sagte die Dame. Der Mann griff, wen wundert's, nicht nach der Rose, sondern nach dem Gold. Die Gier erwies sich als fatal: Von einer Sekunde zur anderen war alles verschwunden und der Mann selbst landete unsanft am Fuße des Schlossberges.

Das unheimliche Erlebnis soll ihn dermaßen erschreckt haben, dass er bald darauf starb. Kurz zuvor schenkte er allerdings alles, was er besaß, der Kirche mit der Maßgabe, dass regelmäßig für das Seelenheil der Schlüsselfrau gebetet werden müsse.

Wer hinauf zur Felsburg wandert, mag den Blick nicht nur über die schöne Stadt schweifen lassen. Denn wer weiß: Vielleicht findet sich beim Rundgang in der Schloss-Ruine eine kleine Tür zu den unterirdischen Schätzen der geheimnisvollen Gräfin.

# Frau-Holle-Reich

Das Reich der
strengen Unterweltlerin

**W**enn der Morgennebel noch über dem kleinen See liegt, die ersten Sonnenstrahlen ihren Weg durch das dunstige Weiß bahnen und das Wasser sacht zu glitzern beginnt, erscheint strahlend am Ufer eine junge Frau – schön, doch unnahbar. In der Hand trägt sie ein Kissen. Es ist Frau Holle und der Teich am Hohen Meißner ist ihr Reich.

Die Holzskulptur der gestrengen Unterweltlerin, die Faulheit bestraft und Fleiß üppig belohnt, wurde zwar erst im Jahr 2004 von den Bildhauern Viktor und Ilja Donhauser geschaffen und am Frau-Holle-Teich aufgestellt. Doch die Überlieferung, dass sich in diesem Gewässer der Eingang zum unterirdischen Silberschloss der Frau Holle und zu ihrem paradiesischen Garten voller Blumen, Obst und Gemüse verbirgt, ist weit älter: Der fast vollständig von Rohrkolben umschlossene See an der Ostflanke des Hohen Meißner – mit 754 Metern das höchste Bergmassiv der Region – war wohl bereits in der Steinzeit ein Kultplatz. Darauf deuten Feuersteingerätschaften hin, die auf seinem Grund gefunden wurden.

Als „Hollenteich" wurde der See erstmals im Jahr 1641 beschrieben. Und schon damals rankten sich unzählige Sagen um die als Erd- und Himmelsgöttin verehrte Gestalt und um das nasse Tor zu ihrem Zuhause.

Unendlich tief ist der Teich, so wird es seit Generationen erzählt. Und zahlreich sind die Formen, in denen Frau Holle aus dieser Tiefe aufsteigt: Mal zeigt sie sich als venusgleiche Badende, mal erscheint sie als langnasige und großzähnige Alte, mal ist sie unsichtbar, doch von Glockengeläut und finsterem Rauschen begleitet. Wenn sie ihre Kissen aufschüttelt, sorgt sie für Schnee; wenn sie backt, färbt sich der Himmel über dem Meißner rot, und wenn sie kocht, umhüllt dichter Nebel den ganzen Berg.

In den zwölf „Rauhnächten" zwischen Weihnachten und dem Dreikönigstag zieht sie an der Spitze des „Wilden Heeres" durch das Land, um die Seelen der Toten einzusammeln für die Wiedergeburt in den Wassern ihres Teichs. Denn hier holt der Storch die Neugeborenen. Vielleicht gehört deshalb zu den Fröschen, Kröten und Molchen, die sich den Tümpel alljährlich im Frühjahr zum Laichplatz wählen, auch die Gemeine Geburtshelferkröte...

Immer wieder mischt sich Frau Holle strafend und belohnend ins Leben der Menschen ein: Kinder, die ihr zu nahe kommen, zerrt sie gerne hinab zu sich in den See – um die guten glücklich zu machen und die bösen ins Unglück zu stürzen. Ihre Arbeitsmoral ist strikt. Wer schon frühmorgens seinen Haushalt bestellt, kann deshalb auf ihre Hilfe hoffen. Wer faulenzt, dem zieht die ordnungsliebende Frau Holle nachts die Bettdecke weg. Sie ist es auch, die den Äckern im Umland Fruchtbarkeit verleiht.

Nur wenige Hundert Meter vom Frau-Holle-Teich entfernt liegt auf 720 Metern Höhe die Bergkuppe Kalbe. Wo heute der Blick über die gefluteten Spuren des früheren Braunkohletagebaus weit hinaus ins Land schweifen kann, breitete sich einst eine große Wiese aus. Und auch hier soll Frau Holle gewissermaßen erzieherisch gewirkt haben. Vor allem nahm sie sich der armen Frauen an, die böse oder faule Männer hatten. Trunksüchtige Burschen hat sie dann in Kälber verwandelt und auf der Wiese weiden lassen. Zänkische Mädchen dagegen verzauberte sie in Katzen und sperrte sie in eine felsige Höhle. So jedenfalls wird es in den „Volksmärchen vom Meißnerberge" erzählt – und eine bizarre Basaltformation auf der Westseite des Hohen Meißner trägt bis heute den Namen „Kitzkammer". Von dort aus mussten sich die Katzen über den ganzen Berg verteilen und den guten Wanderern den Weg weisen. Die Bösen aber führten sie in die Irre.

# Grebenstein

*Die Burgfrau,
böse Ritter und der
Glockenbrunnen*

$\mathcal{W}$er mit klopfendem Herzen – der Berg ist steil, die Stufen nicht zu wenige – auf der Aussichtsplattform der Grebensteiner Burgruine anlangt, den lässt der Ausblick über die mittelalterlichen roten Dächer, die rechtwinkligen Sträßchen und Gassen, die ungetrübte Weitsicht auf fünf Stadttürme, nordhessische Felder und Wiesen staunen.

An einem verschlossenen Brunnen vorbei und an üppigen Gärten entlang geht es dabei etwa eine Viertelstunde hinauf, über einem ein Blätterdach aus Ahorn und Haselnuss. Ein schmaler Hohlweg mit Kopfsteinpflaster, der schließlich bis vor die Reste der Burg Grebenstein führt. Mit Eseln, so heißt es, wurden hier entlang im Mittelalter die Lebensmittel auf den Berg geschafft.

*Wo einst der Burgherr thronte,*
*Verlassenes Gestein,*
*Burg Grebenstein bewohnte*
*Auch einst ein Burgfräulein.*

Erbaut wurde die Burg im Jahre 1266 durch den Grafen Ludolph von Dassel, 1297 an den hessischen Landgrafen Heinrich I. verkauft und 1341 wurde hier Hermann „der Gelehrte", Sohn des Junkers Ludwig, geboren – der später als Landgraf Hermann II. regierte und Ahnherr des nachfolgenden hessischen Fürstenhauses ist.

Die glanzvolle Zeit der Burg endete 1628, als sie durch bayerische Truppen verwüstet wurde. Beim Wiederaufbau der Stadt nach dem Dreißigjährigen Krieg auch als Steinbruch genutzt, blieb sie fortan Ruine. Erhalten geblieben ist das Mauerwerk des Palas, des herrschaftlichen Wohnbereichs, mit den mehr als zehn Meter hohen Außenmauern. So weit die historischen Fakten, so karg die steinernen Überreste herrschaftlichen Lebens – aber die Sage weiß mehr. Haben wir nicht beim Aufstieg zuvor einen unscheinbaren Brunnen passiert? Ist das vielleicht der Glockenbrunnen aus der Sage von der „weißen Frau"?

Es ist eine traurige Geschichte und auch bei Sonnenschein in windiger Höhe über der Ackerbürgerstadt lässt sie den Zuhörer schauern: Auf der Burg zu Grebenstein lebte einst ein mächtiger Ritter mit seiner liebreizenden Gemahlin. Als der Ritter einmal zur Fehde auszog und nicht wiederkehrte, erschien der Feind vor der Burg zu Grebenstein, belagerte und erstürmte sie. Die junge Burgfrau verschloss alle Gemächer mit ihren Schlüsseln, die sie an einem silbernen Ring am Gürtel trug, stieg hinab in den Keller und schlug die Tür hinter sich zu.

*Anstatt sich zu ergeben,*
*Litt sie gar bittre Not,*
*Burgfräuleins junges Leben*
*Erlöste bald der Tod.*

Aber die Feinde erbrachen die Türen und raubten alles, was sie finden. Sogar die Glocke auf dem Turm des Schlosses nahmen sie mit und versenkten sie am Fuße des Berges in einem tiefen Brunnen, der seit dieser Zeit der Glockenbrunnen hieß. Heute noch kann man, so wissen es die Grebensteiner, an stillen Sommerabenden ein leises Läuten hören.

Was die bösen Feinde der Burgfrau antaten, darüber schweigt die Sage. Aber der Geist der liebreizenden Dame soll noch immer im finsteren Keller herumirren. Manchmal erscheint die Burgfrau in ihrem weißen Kleid oben auf dem Berg. Sie winkt dann, lässt den Schlüsselbund erklingen und verschwindet wieder mit einem schmerzlichen Schrei in der Tiefe.

Heimatforscher Wolfgang Tölle bestätigt es schmunzelnd – ja, die sagenhafte Jungfrau lebe im Keller. Tölle kennt sich aus, er hat sich der Stadtgeschichte verschrieben und ist unter anderem Museumsleiter von „Haus Leck". Dies Kleinod wurde im Jahre 1431 erbaut und zählt zu den ältesten Fachwerkhäusern in Hessen. Im „Ackerbürgermuseum Grebenstein" zeigen die Grebensteiner Bürger nun stolz ihre Geschichte.

Ihr Städtchen hat bis heute fast sein ursprüngliches Aussehen behalten: In kaum einem anderen Ort der Region ist das mittelalterliche Stadtbild mit Mauern, Türmen und Fachwerkhäusern noch so gut erhalten. Wer die Burg besucht, mag nach der weißen Frau Ausschau halten, so wie viele es tun.

*Im Sommer viele gehen*
*Zum alten Burggestein.*
*Sie wollen abends sehen*
*Das weiße Burgfräulein.*

(Gedicht des Heimatdichters Karl R. Hellermann)

# Gudensberg

# Quintes,
# die Blaue Blume
# und der Schatzberg

**R**eich ist der Sagenschatz des Chattengaus, rings um das Städtchen Gudensberg gelegen, und oft verschmilzt in der Überlieferung Heidnisches und Christliches. War es ehedem Wotan, dem Hauptgott der Germanen, vorbehalten, im geheimnisvollen Odenberg zu hausen – wie Kaiser Barbarossa im Kyffhäuser –, so tritt im frühen Mittelalter Kaiser Karl der Große an dessen Stelle, im Volksmund „Karl Quintes" genannt. Woher dieser sonderbare Beiname? Nun, vor langer, langer Zeit soll der Kaiser nach einer verlorenen Schlacht gegen die ungläubigen Sachsen mir nichts, dir nichts mit Ross und Reitern in den Odenberg entschwunden sein – und seither heißt er Quintes, der „Entfliehende". Da sitzt er nun, seit mehr als tausend Jahren, auf einem Thron aus Gold und Edelsteinen, inmitten unermesslicher Schätze.

Ein einziges Mal nur soll es einem Schweinehirten gelungen sein, bis in des Kaisers Schatzkammer vorzudringen, sich die Taschen zu füllen und Reißaus zu nehmen. Dumm nur, dass er in der Eile das Beste vergaß, den einzigen Schlüssel nämlich, der ihm das Tor zur Schatzkammer erneut hätte öffnen können. Das ist die wundersame Blaue Blume, die an den Hängen des Odenbergs blüht, und viel später den Dichtern der Romantik zum Symbol der Volkspoesie werden sollte.

Und doch: Respekt ist geboten, wer sich dem „Berg der Blauen Blume" nähert. Hält doch Karl Quintes alle sieben Jahre um Mitternacht seinen Umritt im Gebirge. Auf einem weißen Schlachtross, das Schwert hoch erhoben in der Rechten, prescht er an der Spitze seiner Heerscharen den Berghang herab, unter so gewaltigem Trommelschlag und Pfeifenklang, dass einem Hören und Sehen vergeht. Weh dem, der in einer solchen Nacht, mitgerissen von der wilden Kavalkade, Schlag zwölf im Berg zu sich kommt. Sieben Jahre müssen vergehen, bis der Verschollene wieder unter den Seinen auftaucht – und war es ihm doch wie ein Tag.

Was Wunder, dass man in Gudensberg, das seinen Namen von „Wutansberg" ableitet, den regionalen Sagen- und Märchenschatz hegt und pflegt. Man streife nur durch die Gassen der Altstadt: Da flattern die Raben des Donnergottes Wotan, Hugin und Munin, über einem Straßenkreisel, gerade so, als hätte Wotan sie eben erst losgesandt, ihm die Geschehnisse der Welt zu berichten.

Auch streift da bisweilen ein leibhaftiger Tambour durch die Gassen, den friderizianischen Zopf keck im Nacken. Eine Art „Hans im Glück", der, wie die Brüder Grimm im Märchen vom „Trommler" erzählen, nach mancherlei Prüfungen die Hand einer Prinzessin gewann. Unter fröhlichen Trommelwirbeln strebt er dem Stadtpark zu, geradewegs zur nagelneuen Märchenbühne, wo er ein wenig von seinen Abenteuern prahlt. Von den Riesen, die er überlistete, von der Hexe auf dem Glasberg und von der Liebe der schönen Prinzessin, die er durch Leichtsinn beinahe verloren hätte. Und wie er da steht und trommelt, da scheint es, als würden auf den Türmchen zu beiden Seiten der Märchenbühne putzige Zipfelmützen sichtbar. Die haben wohl die Elfen und Wichtel vom Neußelsberg dort vergessen. Wahrscheinlich in einer mondhellen Nacht, als sie im Stadtpark tanzten.

# Helsa

# Der Glockenraub, die Müllerstochter und das Mühlrad

**D**ie 15 Kilometer fliegen nur so dahin auf dem Lossetalradweg. Von Kassel aus an Kaufungen vorbei, der Weg geht flach am Losseufer durch Wiesen und Felder. Helsa ist das Ziel, die Gemeinde mit den hübschen Fachwerkhäusern, dem Wehrturm aus dem 13. Jahrhundert in der Ortsmitte und den vier Ortsteilen mit historischen Sehenswürdigkeiten wie der „Hugenotten-Colonie" (St. Ottilien), der romanischen Thomaskirche und der Mühle Most (Eschenstruth) oder dem Kohlebergbau am Hirschberg (Wickenrode).

Um 1553 wird der Ort erstmals urkundlich erwähnt; „Helsen" soll vom Wort „belan" stammen, was geborgen heißt, und zusammen mit „ahe" bedeutet: „geborgen am Bach". Treffender lässt es sich nicht beschreiben – der Ort liegt gebettet ins Lossetal, umgeben von sanften Hügeln und üppigen Wäldern. Und er ist Ausgangspunkt zahlreicher Wandermöglichkeiten durch idyllische Seitentäler auf reizvolle Höhen wie zum Bielstein.

Doch folgen wir zunächst dem Plätschern des Wassers. Zum Beispiel am Merten-Jäger-Brunnen, der an einen berühmten Helsaer Bürger erinnert. Die Sage erzählt von diesem Merten Jäger, er habe den Helsaern im Dreißigjährigen Krieg eine neue Glocke als Ersatz für die von kaiserlichen Truppen geraubte alte Glocke beschafft – durch einen Überfall auf kroatische Landsknechte, die zufällig eine Glocke mit sich führten. Diese Glocke hängt noch heute im Helsaer Kirchturm. Als Dank für seine beherzte Tat schenkten die Helsaer dem Merten Jäger eine Mühle im Dorf, die sogenannte Obermühle.

1929 erbaut, 1945 zerstört, wurde der Brunnen im Jahre 1988 wieder errichtet. Ein Bänkchen lädt hier zum Verweilen ein, man sieht auf den entschlossen dreinblickenden Jäger mit Hund, Gewehr und Bart. Und man lauscht dem Gluckern des Wassers – wie kommt es eigentlich in den Brunnen? Dem Arbeitskreis Historisches Mühlrad Helsa ist es letztlich zu verdanken. Der hat nämlich zeitgleich mit dem neuen Brunnen das Wasserrad der alten „Mittelmühle" im Ortskern wieder aufgebaut.

Von den drei Dorfmühlen hatte sich die Probst'sche Mühle am längsten erhalten und über fünfhundert Jahre die Energie für Mühlsteine, später auch Walzenstühle geliefert. Vielen Generationen wurde also hier im Dorf das heimische Korn gemahlen. Fast in der Dorfmitte und vier Meter groß ist das Wasserrad heute eine Schauanlage für Kraftübertragung und Energieerzeugung: Strom für fünf bis acht Haushalte wird ins Netz geliefert. Und das Wasser in den Brunnen gefördert. Wer es genauer wissen will, besucht die Ausstellung zur Geschichte des Mühlrades gleich nebenan.

Und war es nicht auch eine Mühle, in der die Geschichte vom Rumpelstilzchen ihren Anfang nahm? Kein Wunder, dass Helsa sich dieser Grimmschen Märchenfigur verbunden fühlt. Wie war das noch: Stroh zu Gold spinnen könne die Müllerstochter, so prahlt ihr Vater, und der gierige König glaubt es. Hilfe kommt vom Rumpelstilzchen, das für seine zauberhaften Dienste das erste Kind der Müllerstocher verlangt – und als sie dem Königssohn einen Knaben gebiert, dem Rumpelstilzchen auch überlassen soll. Die Geschichte nimmt, es versteht sich von selbst, ein märchenhaft gutes Ende. Am Rumpelstilzchen-Brunnen aus Basalt präsentiert sich das Fabelwesen in Bronze indes nicht grimmig, sondern lächelnd. Warum wohl?

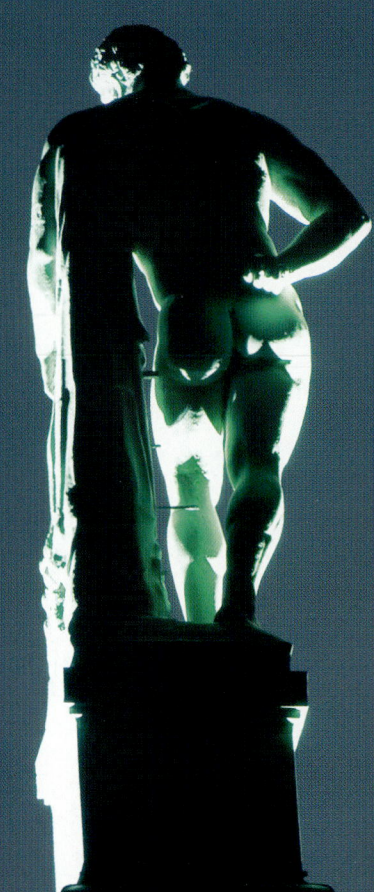

*Herkules*

# Der Held,
## sein Ruf und
## der Landgraf

**D**a steht er, erhaben auf dem östlichen Bergkamm des Habichtswaldes, je nach Wetterlage in lieblicher Bläue, in dramatischem Wolkenspiel irrlichternd oder in dichte Nebelschleier gehüllt, und blickt in milder Melancholie auf Kassel hinab. Der Herkules. Das Wahrzeichen der Stadt. Das kupferne Meisterwerk des Augsburger Kupferschmieds Johann Jacob Anthoni, der den Heros auf Bestellung des Landgrafen Karl (1654–1730) so spektakulär in Szene setzte. Ein barocker Himmelsstürmer.

Barock? Mitnichten. Barock ist lediglich die Zeit seiner Entstehung. Schon das einige Jahre früher errichtete Oktogon, das achteckige Prachtfundament, auf dem er mit seiner Standpyramide in den Himmel ragt, ist eine Architekturform, die in die griechisch-römische Antike zurückweist. Und Herkules selbst, griechisch Herakles, ist einer der prominentesten Götter des klassischen Altertums.

„Erfunden" haben ihn die Griechen, die Römer haben ihn in ihren Staatskult übernommen. Für die Fürsten der Renaissance wurde er zur Leitfigur, zum Idol. Landgraf Karl, wenngleich zeitlich in der Epoche des Barock beheimatet, sah sich selbst als „Renaissancemensch" – also als einen, der in der Kunst und Architektur der Antike, die – von Italien ausgehend – im 16. Jahrhundert eine glanzvolle Wiedergeburt (= Renaissance) feierte, den Maßstab für alles Kunstschöne sah. Mehrere Male begab er sich ins Land, wo die Zitronen blühen, um Anregungen für seine eigenen ehrgeizigen Baumaßnahmen zu gewinnen.

Eine dieser Reisen führte ihn ins Innere des Palazzo Farnese zu Rom, wo er Gelegenheit erhielt, den nach seinem Aufbewahrungsort benannten „Herkules Farnese" zu bestaunen: eine drei Meter hohe Monumentalskulptur, römische Kopie eines verschollenen griechischen Originals. Von diesem Herkules war Karl so fasziniert, dass er beschloss, dem ursprünglich ohne weitere „Verzierung" geplanten Oktogon eine solch stattliche Figur aufsetzen zu lassen.

Man mag sich fragen, worin für den Regenten aus Hessen die besondere Faszination dieses zweifelsohne höchst ansehnlichen nackten Mannsbildes bestand. Nun, Herkules ist ein Held, der nicht nur für eine einzige Sage, sondern gleich für eine ganze Sagensammlung Pate steht. Er ist eines der zahlreichen Kinder des Zeus, römisch „Jupiter", die der notorische Schwerenöter mit mehreren Sterblichen gezeugt hat, in diesem Fall mit Alkmene, der Frau des griechischen Feldherrn Amphitryon. Schon als Säugling erdrosselte Herkules zwei Schlangen, welche ihm die eifersüchtige Göttergattin Hera (Iuno) in die Wiege gelegt hatte.

Von den zwölf „Herkulesarbeiten", die ihm später zur Sühne einer Wahnsinnstat auferlegt wurden, finden sich zwei in der Statue wieder. Über seine Keule, zu ihrer Anfertigung hat er in Obelix-Manier einen ganzen Olivenbaum ausgerissen, ist das Fell des Nemeischen Löwen drapiert: Ein Ungeheuer, das zu seinen Lebzeiten den kompletten Peloponnes in Angst und Schrecken versetzte. Die Bestie unschädlich zu machen, erforderte nicht nur übermenschliche Kraft, sondern auch taktisches Geschick. Dass der Heros beides im Übermaß besaß, zeigt die pelzige Trophäe, bei deren purem Anblick der Auftraggeber, ein gewisser König Eurystheus, sich vor Grauen in ein tönernes Gefäß geflüchtet haben soll.

In der Rechten hält Herkules, dezent hinter dem Rücken verborgen, drei goldene Äpfel, die er, viele Jahre und zehn Aufgaben später, den Hesperiden, den Töchtern der Nacht, entwendete. Dies darf natürlich nicht als simpler Mundraub missverstanden werden: Der Baum, der das kostbare Obst trug, wurde von einem hundertköpfigen Drachen bewacht. Auch hier demonstrierte Herkules neben physischer Stärke vor allem strategischen Scharfsinn. Die eigentliche Pflückarbeit delegierte er. Das Meucheln von Ungeheuern, inzwischen zur Routine geworden, ging ihm weit unproblematischer von der Hand, als etwa das berühmte Ausmisten des Augiasstalles, in der er sich mit einem pfiffigen Reinigungsverfahren zu profilieren wusste.

All diese Heldentaten – und mehr – hat der „Herkules Farnese" längst hinter sich. Er blickt in die Zukunft und zieht gleichzeitig die Bilanz des Vergangenen. Memoriert, so will es die kunstwissenschaftliche Auslegung, jene auf der Schwelle vom Knaben zum Mann erlebte Situation am Scheidewege zwischen ausschweifendem Genuss einerseits, Tugend und Seligkeit andererseits, die mit seiner Entscheidung für den dornigen Pfad der Tugend geendet hatte. Der Mix aus Moral und physischer Unüberwindbarkeit, gepaart mit Klugheit, Erfindungsgeist und durchaus auch einem Gran Abenteuerlust – er wurde zum Leitbild des Landgrafen Karl. So nachhaltig, dass er Anthoni den Auftrag gab, sein Vorbild gut dreimal so groß zu fertigen wie das in der Villa Farnese bestaunte Exemplar.

# Kaufungen

## Kunigunde, der Teufel
## und allerlei Wunder

Im Dom zu Bamberg, heißt es, ruhen ihre Gebeine. Doch einen großen Teil ihres Lebens hat Kaiserin Kunigunde in Kaufungen gelebt – und nicht nur dort soll sie allerlei Wunder vollbracht haben. So jedenfalls wird es erzählt.

Geboren ist sie um 980, als Spross aus dem Hause der Lützelburger (Luxemburger). Als junge Frau vermählte sie sich mit dem Herzog von Bayern, dem späteren Kaiser Heinrich II., der seiner Gemahlin im Jahre 1008 den Königshof Kaufungen schenkt. Im selben Jahr ließ er auch die Georgskapelle erbauen, heute die älteste erhaltene Kirche im nordhessischen Raum.

Kunigunde widmete sich alsbald auch den Armen und Kranken, fand trotz all ihrer zahlreichen Repräsentationsverpflichtungen aber immer wieder Zeit, ihren Hof aufzusuchen. So auch im Mai 1017. Da soll sie, so berichtet ein Zeitgenosse, der Bischof und Geschichtsschreiber Thietmar von Merseburg, von einer schweren Krankheit heimgesucht, gelobt haben, nach erfolgter Genesung ein Benediktinerinnenkloster zu stiften. Sie hat Wort gehalten.

Architektonischer Glanz- und Mittelpunkt ist die „Kirche des Heiligen Kreuzes", heute „Stiftskirche", das erhabene Wahrzeichen Kaufungens. Am 13. Juli 1025 wurde sie geweiht, dem ersten Todestag von Kunigundes Gatten. Nach dem Evangelium, weiß die Fama, sei die Witwe zum Altar geschritten, habe den kaiserlichen Schmuck abgelegt, sich die Haare scheren lassen und ein selbst gefertigtes raues Wollkleid angezogen. Der Bischof von Paderborn übergab ihr den Schleier und den Ring zu ihrer Verlobung mit Christus.

Kirche wie Kloster wurden alsbald zu Schauplätzen wundersamer Begebenheiten: So soll einmal, als Kunigunde zum Altar trat und nicht wusste, wo sie ihre Handschuhe ablegen sollte, leicht und hell ein Sonnenstrahl durch die Scheiben im Chorfenster hereingehuscht sein und als Handschuhhalter gedient haben. Ein andermal habe die fromme Kunigunde ein Feuer, das nachts im Kloster ausgebrochen war, durch das bloße Emporhalten des heiligen Kreuzes gelöscht.

Ihr großartigstes Wunder freilich soll Kunigunde noch zu Lebzeiten ihres Gatten in Bamberg vollbracht haben: Nachdem der Teufel mehrfach erfolglos versucht hatte, die Kaiserin zur Unkeuschheit zu verführen, änderte er seine Taktik und richtete sein satanisches Blendwerk gegen die Öffentlichkeit und den Kaiser persönlich: Er streute das Gerücht, die Kaiserin sei des Ehebruchs schuldig.

Heinrich, der darob Zweifel an der Treue seiner Gemahlin hegte, sah sich gezwungen, sie der für Ehebrecherinnen damals üblichen Strafe auszusetzen: dem Gang über sieben glühende Pflugscharen. Kunigunde legte ihr Schicksal in Gottes Hand und schritt unversehrten Fußes über die heißen Eisen hinweg, ihrer Keuschheit zum Beweis, den Zweiflern zur Schmach. 1200 wurde sie, 46 Jahre nach ihrem Mann, von Papst Innozenz III. in die Schar der Heiligen aufgenommen.

Am 3. März 1033 ist sie im Kloster Kaufungen gestorben. Ihre erstes Grab fand sie wohl in der von ihr gestifteten Kirche, erst später soll sie nach Bamberg überführt worden sein. Dass ihre Gebeine, aufgrund einer Verwechslung, nach wie vor in Kaufungen ruhen, wird von der Geschichtsschreibung immerhin für möglich gehalten.

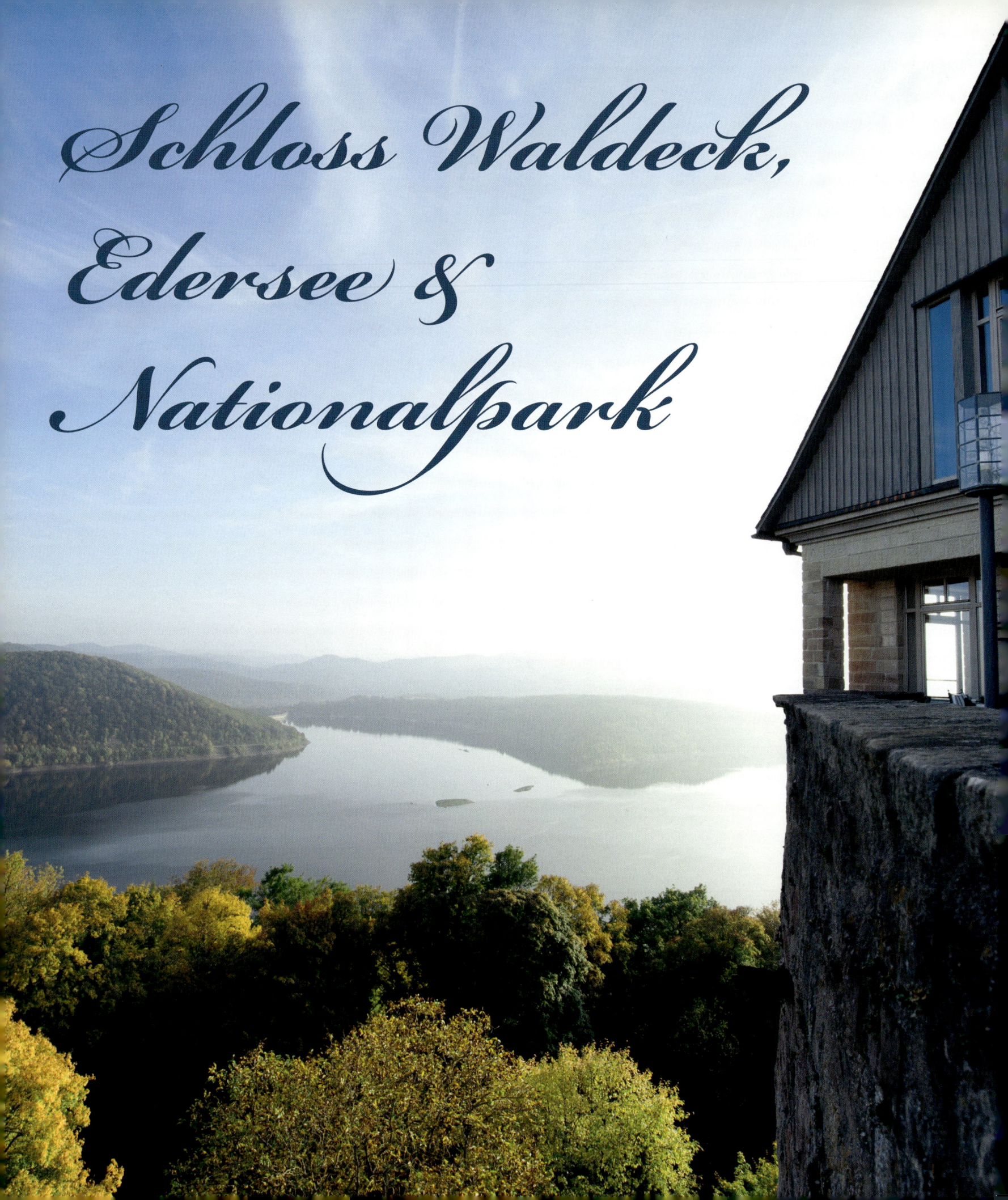

# Schloss Waldeck, Edersee & Nationalpark

# Trutzburg,
## Gräber im See
## und ein Urwald

*E*s ist eine Trutzburg und ein imposanter Blickfang: die Burg Waldeck, die 200 Meter über dem Edersee thront und aus einem felsigen, an den Hängen üppig bewaldeten Berg wie herausgewachsen wirkt. Von ihrer Gründung im 11. Jahrhundert berichtet eine Sage: Da sei einmal ein fahrender Ritter nebst Gefolge mit dem Wunsch nach Sesshaftigkeit das Edertal hinaufgezogen. Unterwegs habe er einen Schäfer getroffen, der auf die Frage nach einem geeigneten Bauplatz mit dem Finger auf den Berg gezeigt und geantwortet habe: „Dort droben an der Wald-Ecke." So wäre also ein – selbst namenlos gebliebener – Schäfer zum Namensgeber geworden, nicht nur eines Adels-

geschlechts, sondern auch dessen Domizils und dazu einer ganzen Region.

Im Lauf der Jahrhunderte wurde Burg Waldeck immer wieder zum Spielball der Großmächte: Im Dreißigjährigen Krieg stritten sich Schweden und Kaiserliche um ihren Besitz, im Siebenjährigen Krieg wurde sie von den Franzosen eingenommen, später von Hessen und Braunschweig wieder befreit. Nachdem die Herren von Waldeck im 17. Jahrhundert ihre Residenz nach Arolsen verlegt hatten, diente die Burg nacheinander als Landeszeughaus, Getreidelager, Sitz eines Amtmannes, Landesstrafanstalt, Kriegsgefangenenlager, Försterei, schließlich, seit dem Jahr 1906, als Hotel.

dem größten unzerschnittenen Hainsimsen-Buchenwald-Komplex Mitteleuropas unberührbar, umgeben vom „Schutzgürtel" eines rund 35.000 Hektar großen Naturparks im Süden und der 28 Kilometer langen Edersee-Talsperre im Norden. Kein Förster ordnet mehr Holzeinschlag an oder räumt Totholz weg, kein munteres Rehlein läuft mehr Gefahr, dem Jäger vor die Flinte zu kommen. Rothirsch. Damhirsch, Wildschwein und Mufflon sind die unangefochtenen Könige des Reviers. In den Lüften kreisen Wespenbussarde und Milane, sechs Spechtarten sind hier zu Hause, selbst Schwarzstorch und Uhu haben wieder Gefallen an der nun sich selbst überlassenen Heimat gefunden.

„Wildnis von morgen" – an manchen, besonders verwunschenen Stellen ist sie heute schon pittoreske Realität. Vor allem an den harschen Steilhängen über dem Edersee finden sich wahrhaft bizarre Exemplare. Seit Motorsägen tabu sind, ist schon der eine oder andere hölzerne „Methusalem" von allein zu Boden gegangen und spendet dort neues Leben. Fast ausgestorben geglaubte Baumpilze sind zurückgekehrt und entern die Stämme, eine seltene Vielfalt von Insekten leistet emsig Zersetzungsarbeit. Den Rest erledigen Regenwurm und Waldameise.

Auch der Edersee mutet an wie eine besonders großzügige Gabe aus dem Füllhorn der Natur. Dabei ist er ein Erzeugnis menschlicher Baukunst, durch die Stauung der Eder entstanden. Und seine ihm zugemessene Funktion war zunächst keineswegs die eines Dorados für Sommerfrischler und Wassersportler. In erster Linie sollte er der Sicherung der Binnenschifffahrt auf der Weser dienen.

Seine Majestät Kaiser Wilhelm II. war so angetan von dem ehrgeizigen wie kostspieligen Projekt, dass er im August 1911 höchstpersönlich anreiste, um den Stand der Bauarbeiten an der Staumauer zu begutachten. Auch ihre für den 25. August 1914 geplante offizielle Bestimmungsübergabe wollte er selbst vornehmen, was der Ausbruch des Ersten Weltkriegs dann verhinderte.

Das 400 Meter lange und an seiner Krone sechs Meter breite Bauwerk kostete rund 25 Millionen Goldmark, das entspricht in etwa 200 Millionen Euro. Und drei Dörfern im idyllischen Edertal wurde es zum Verhängnis: Die Häuser in Asel, Berich und Bringhausen wurden abgetragen und an höher gelegenen Orten wieder aufgebaut. Noch heute kann man, wenn der Wasserpegel sinkt, Reste der alten Siedlungen besichtigen. Prunkstück des Edersee-Atlantis ist die vierbogige Aseler Brücke. Auch die Friedhöfe von Berich und Bringhausen sind erhalten. Die Gräber sind mit Betondecken vor dem Verfall geschützt, Trutzburgen für die Ewigkeit.

Und immer noch künden eindrucksvolle Spuren von Waldecks wechselvoller Vergangenheit: Der 120 Meter tiefe Brunnen etwa, die martialischen Kanonen, der Pranger, der, als Nachbau freilich, im Innenhof aufgestellt ist. Und nirgendwo sonst hat man eine so herrliche Sicht über den Edersee und seine Umgebung.

Vom Denkmal früherer Zivilisation aus schweift der Blick in einen Urwald, wo Fuchs und Hase sich gute Nacht sagen, wenn sie denn reden könnten.

Der Nationalpark Edersee-Kellerwald, 2004 mit dem exklusiven Prädikat ausgezeichnet, ist der jüngste Nationalpark Deutschlands – und der einzige in Hessen. Damit wurden 5.724 Hektar Fläche mit

# Korbach

Von großen Herrschern,
unermesslichen Goldschätzen
und freien Bürgern

Da thront sie, die stolze Stadt, auf der nach ihr benannten Hochebene, überragt von der Kilians-Kirche und von dem auch heute noch Kupfer und Gold enthaltenden Eisenberg, dem sie einmal einen Teil ihres Reichtums verdankte.

Seit dem Mittelalter versuchten Goldgräber und Glücksritter, dem Eisenberg – Deutschlands reichster Goldlagerstätte – das begehrte Edelmetall abzuringen.

Zwanzig Kilometer Schächte und Stollen trieben sie in harter Handarbeit in den Berg – und so mancher wird bei der schweren Arbeit in großer Furcht gewesen sein. Denn um den Eisenberg rankten sich viele Legenden. So soll dort ein großer Herrscher gewohnt haben, der Macht sogar über Wind und Wetter hatte und dessen unermesslicher Goldschatz im Innern des Berges ruhte. Dass dort Gold liegen musste, hatten die Menschen in der Gegend in Vorzeiten geahnt, als viele Wiesen immer dann wunderschön funkelten und glitzerten, nachdem die Eder über die Ufer getreten war: Das Wasser hatte feine Goldpartikel aus dem naheliegenden Berg mitgebracht und hinterlassen.

Es mag an ihrer Geschichte liegen, dass die Bürger der Stadt wortkarg und spröde sind. Sind es Sachsen oder Franken? Viel Blut ist jedenfalls in diesem Grenzland geflossen, als hier die Stämme im frühen Mittelalter aufeinander einschlugen, hier, wo später ein sächsischer Kaiser einen Reichshof gründete, um den herum dann die Stadt entstand. Auf ihre Reichsunmittelbarkeit hat die Stadt immer Wert gelegt, zumal ihr schon anno 980 das Soester Stadtrecht verliehen wurde.

Noch heute zeugt der Roland am Rathaus von der eigenen Gerichtsbarkeit der Stadt, die bei aller archaischen Strenge nicht frei von bäuerlicher Schadenfreude war. Wurde doch gegen einen Delinquenten, der sich nur eines leichteren Vergehens schuldig gemacht hatte, die Strafe des „Wippens" verhängt, die darin bestand, dass der Delinquent mithilfe einer großen Wippe in einen Teich geschleudert wurde, aus dem er triefend und geläutert heraussteigen durfte.

An wichtigen Verkehrswegen liegend, blühten Handel und Handwerk in der Stadt, die sogar zur Hanse gehörte und sich von ihrem nach dem Waldecker Land benannten Landesherrn immer wieder ihre besonderen Freiheiten ertrotzte. Dabei müssen die Stadtväter wohl auch einmal zu weit gegangen sein. Denn 1366 hat Graf Heinrich der Eiserne die Stadt mit Waffengewalt eingenommen, die Stadtväter eingesperrt und auf diese Weise nachdrücklich für die Einhaltung der Abgabenverpflichtungen gesorgt. Das hat die Stadt im Folgenden nicht gehindert, sich den Wünschen ihres Landesherrn so oft wie möglich zu verschließen. Als es nach der Reformation amtlich wurde, dass allein der Landesherr dem Seelenheil seiner Landeskinder die richtige Religion zu verordnen wusste, haben sich die Korbacher noch lange dagegen gewehrt, evangelisch zu werden, wie es das übrige Ländchen längst geworden war.

Auch sonst haben die schlitzohrigen Stadtväter gelegentlich ihr nicht immer sauberes eigenes Süppchen gekocht. Der Stadt stand von alters her das Recht des „Münzens", des Prägens von Münzen zu. Im Jahre 1568 untersagte ihr Kaiser Maximilian II. dieses Recht, weil die Korbacher Silbermünzen einen zu hohen Kupferanteil enthalten hatten. Man hat nichts davon gehört, dass die dafür – wahrscheinlich hochrangigen – Verantwortlichen jemals zur Rechenschaft gezogen worden sind.

Gleichwohl: Die Stadt blieb so reich, dass sie ihrem Landesherrn wiederholt Darlehen gewähren konnte, was freilich auf Dauer nichts nutzte. Am Ende musste der Fürst sein kleines Ländchen doch den Preußen verkaufen.

Ihre stolze Zeit hatte die Stadt Korbach da schon hinter sich. Der Dreißigjährige Krieg, in dem das kleine Land zwischen alle Fronten geraten war, hatte gründlich mit dem Wohlstand der Stadt aufgeräumt. Die Stadt hat danach bis heute ihre frühere Bedeutung nicht wieder erlangt. Immerhin: Das mittelalterlich geprägte Stadtbild ist bis heute erhalten, es hat auch im letzten Weltkrieg kaum gelitten. Die Alliierten haben die Stadt nicht bombardiert. Manchmal ist es gut, übersehen zu werden.

# Naumburg

## Das Wasser des Lebens, der Riesenstein und die misslungene Zerstörung

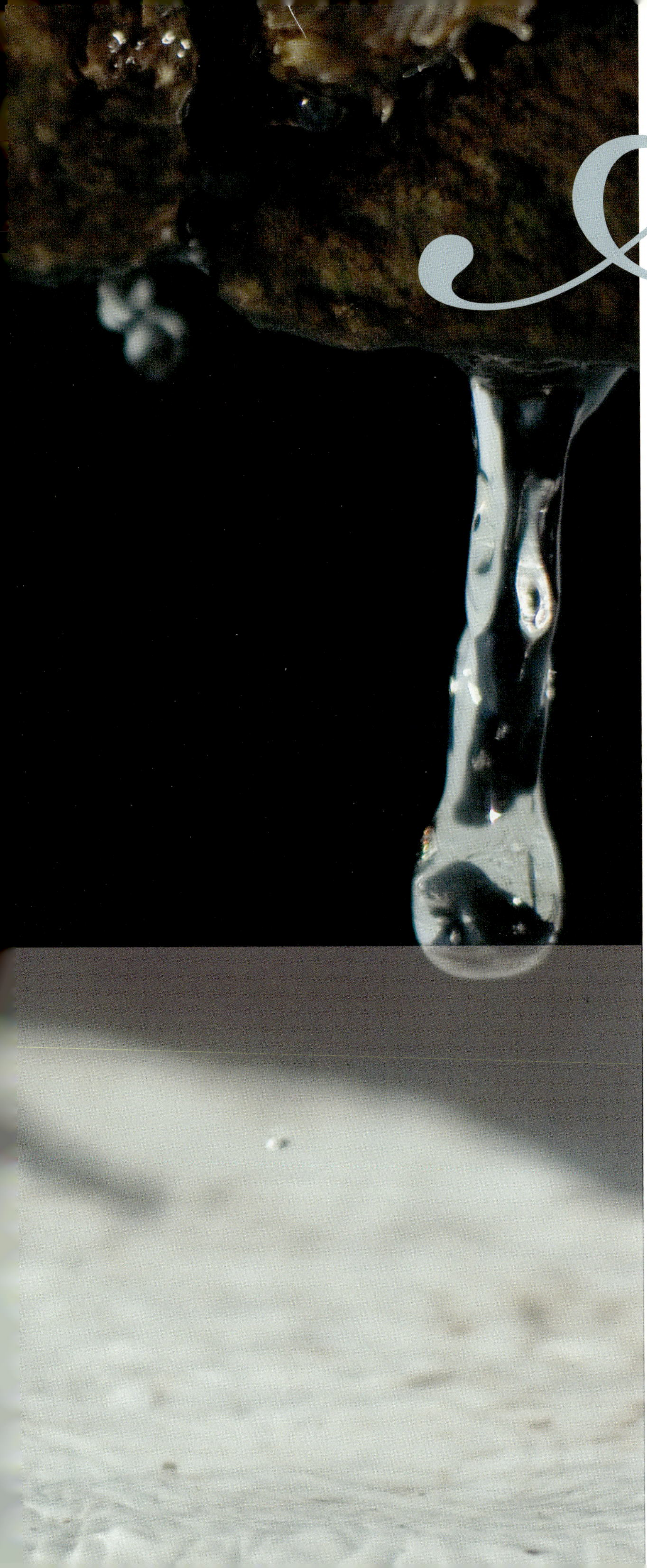

*A*ls die Kirche von Naumburg gebaut wurde, da sah der Teufel zornig aus der Ferne zu. Und je höher das Bauwerk wurde, umso größer wurde seine Wut. So stemmte er eines Tages einen riesigen Felsblock empor und warf ihn in Richtung Gotteshaus, um es zu zerschmettern. Der perfide Plan misslang: Weil der Felsblock ihm von der Hand rutschte, landete der riesige Stein weit entfernt von der Kirche, am Heiligenberg, fast zehn Kilometer vor Naumburg.

Weil er sein Ziel verfehlt hatte, setzte sich der Teufel tief betrübt auf den Stein und vergoss blutige Tränen. Eine Vertiefung im Riesenstein vom Heiligenberg zeigt die Stelle, wo der Satan gesessen haben soll – immer noch voller Zorn auf die Naumburger.

Der Ort ist durch seine mehr als 500 Jahre währende Zugehörigkeit zum Erzbistum Mainz (1266–1802) eine katholische Enklave im protestantischen Nordhessen. Neben dem Stadtwappen erinnert weithin sichtbar die dreischiffige gotische Basilika St. Crescentius an diese Verbindung. Die Naumburger hatten im 14. Jahrhundert mit dem Bau der katholischen Stadtkirche begonnen, die – wie die meisten Häuser – beim großen Stadtbrand 1684 vernichtet und bis 1692 wieder aufgebaut wurde. Erhalten geblieben aus dem ersten Bauabschnitt sind neben Teilen des Chores und der Südwand auch die steinerne Naumburger Madonna (1340), welche die südliche Außenfassade schmückt.

Im Ort mit seinen gut erhaltenen Fachwerkhäusern ranken sich Legenden um einen Brunnen, der einst – wie im Märchen der Brüder Grimm – schon so manches Mal „Wasser des Lebens" gespendet haben soll. Sicher ist, dass Naumburg den Titel Kneipp-Kurort tragen darf. Aber das hat ganz sicher andere Gründe.

# Schloss Wilhelmsthal

# Die weiße Frau,
## die Flucht und der
vergrabene Schatz

*A*lte Gemäuer bieten seit jeher Raum für schaurig-schöne Geschichten, vor allem dann, wenn sie über Jahrhunderte weitgehend unverändert blieben – so auch Schloss Wilhelmsthal, einst landgräfliche Sommerresidenz. Durch die Räume dieses Schlosses und den schönen Schlosspark mit seinen knorrigen alten Bäumen und goldenen Putten geistert in den Nachtstunden eine schöne Frau, ganz in Weiß. So wird es erzählt. Und die Geschichtenerzähler wissen auch, wer die sagenumwobene weiße Frau ist: die zur Unsterblichkeit verdammte Apothekerstochter Rebekka Rittberg aus Schlesien.

Erbprinz Wilhelm – die Sage lässt offen, ob es sich um den Erbauer des Schlosses, Wilhelm VIII., oder dessen Enkel Wilhelm IX. handelt – hatte sich in die schöne Rebekka verliebt, dann bezirzt und sie schließlich überredet, ihren Verlobten zu verlassen und seine Frau zu werden. Als Wilhelm dann Landgraf wurde, schenkte er seiner angebeteten Rebekka den Sommersitz in Wilhelmsthal. Das schöne Domizil brachte sie freilich nicht davon ab, weiter an ihren ehemaligen Verlobten zu denken. Und daran änderten auch ihre Kinder nichts.

Weil es dem ehemaligen Verlobten ähnlich ging und er immer an Rebekka denken musste, entführte er die schöne Frau schließlich. Die beiden kamen jedoch nicht weit: Wilhelms Bedienstete verfolgten sie. Und holten sie ein. Der Liebhaber wurde des Landes verwiesen und Rebekka gar zum Tode verurteilt.

Ihre Seele soll indes keine Ruhe gefunden haben und so irrt sie noch heute mit wallendem weißen Gewand durch das Schloss und den großen schönen Park – immer auf der Suche nach ihren Kindern, die sie auf der Flucht im Stich gelassen haben soll.

Gesehen wurde die weiße Frau allerdings noch von keinem Besucher, obwohl Jahr für Jahr sehr viele das Schloss besuchen. Denn es ist ein sehenswertes Schloss, das Landgraf Wilhelm Mitte des 18. Jahrhunderts, knapp eine Stunde Kutschfahrt vom Schloss Wilhelmshöhe entfernt, errichten ließ. Dort wollte er sich im Sommer abseits des städtischen Trubels standesgemäß vergnügen und leben. Vieles von dem damaligen Prunk ist heute noch erhalten: kostbare Stofftapeten, Lackmöbel, ostasiatische und europäische Porzellane sowie eine Schönheiten-Galerie, in der man die weiße Frau aber vergeblich sucht.

Im Gegensatz zum Schloss blieb der Park auf ewig unvollendet. Ursprünglich wurde er als geometrisch strenge Rokoko-Anlage geplant, mit klaren Sichtachsen und symmetrischen Wegen. Im Siebenjährigen Krieg, als Preußen und Großbritannien gegen Frankreich, Österreich und Russland kämpften, wurden die Arbeiten am Park unterbrochen, denn auch die Landgrafschaft Hessen-Kassel stürzte sich in den Konflikt. Hessische Söldner kämpften auf der Seite Englands. Die französischen Truppen mussten in einer Schlacht bei Wilhelmsthal eine herbe Niederlage einstecken. Die kam der Legende nach durch ein Missgeschick zustande: Der „Tambour von Wilhelmsthal", der laut Überlieferung aus Burguffeln stammte, soll statt zum Sammeln zum Sturm getrommelt haben, was nicht nur die eigenen Soldaten, sondern vor allem die Franzosen überraschte.

Französische Soldaten, denen die Flucht gelang, vergruben – auch das mag dem Reich der Fantasie entsprungen sein – die Kriegskasse in der Nähe von Wilhelmsthal. Um das Versteck später wiederfinden zu können, prägten sie sich ein, dass sie von dieser Stelle aus sieben Kirchtürme sehen konnten. Als einige von ihnen Jahre später zurückkehrten, um die Kasse zu heben, waren die Bäume dort so hoch gewachsen, dass von den Kirchtürmen rein gar nichts mehr zu sehen war. Deshalb wartet der Schatz, wenn es ihn denn gibt, noch heute darauf, endlich gehoben zu werden.

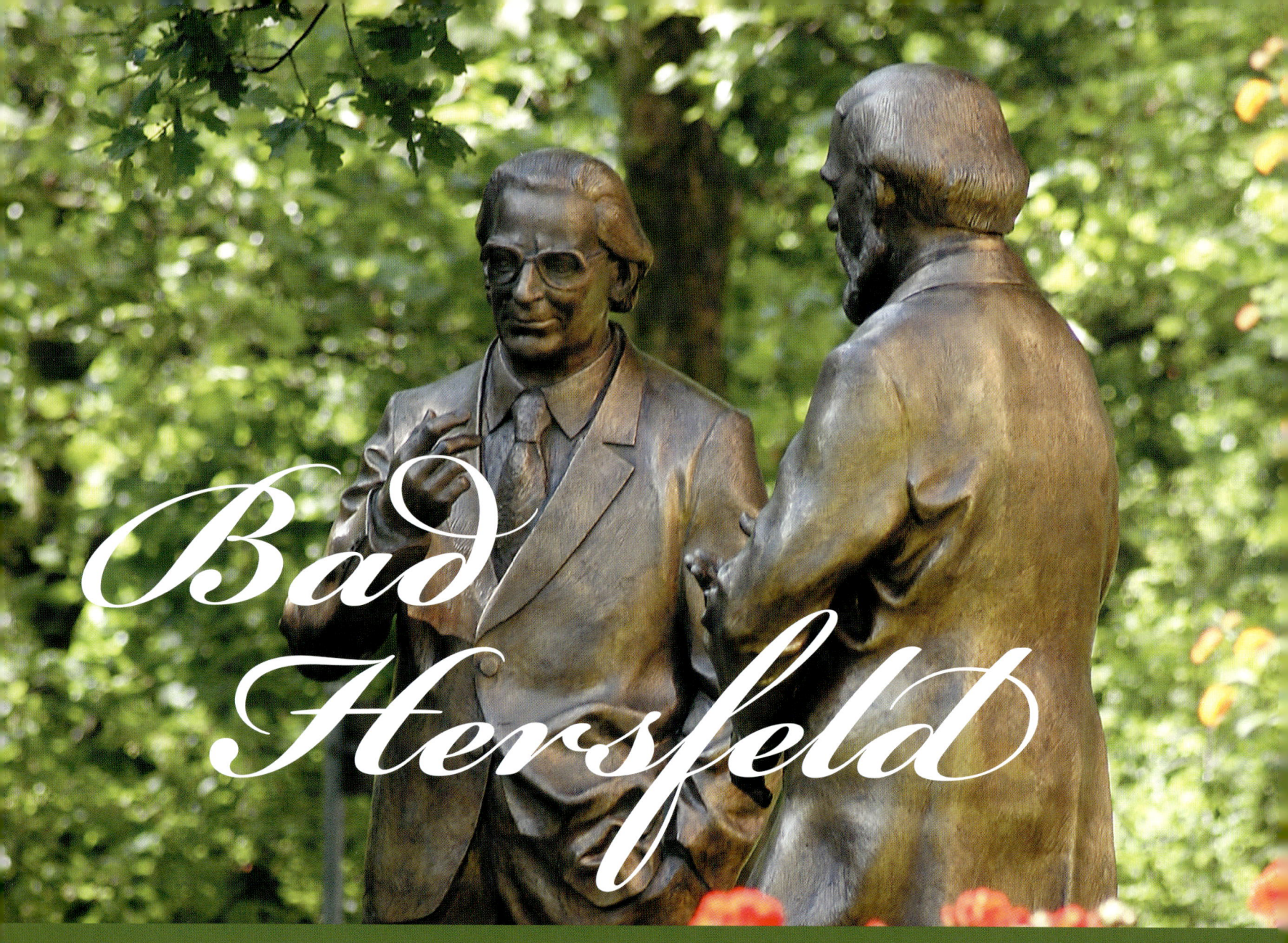

# Bad Hersfeld

Sagenhafte Erfinder,
tapfere Schneiderlein
und die Magie der Sprache

In Bad Hersfeld, da gab es vor Zeiten wohl viele tapfere Schneiderlein. Denn das Städtchen an der Geis beherbergte eine große Zahl Tuchmacher, Weber, Gerber und Färber. So steht zu vermuten, dass in vielen der bunten Fachwerkhäuser auch fleißige Schneider saßen und emsig nähten. Und darunter könnte der eine gewesen sein, der sieben Fliegen erschlug und sich damit rühmte und alsdann als tapferes Schneiderlein zwei dumme Riesen austrickste, ein Einhorn außer Gefecht setzte, ein rasendes Wildschwein einfing und am Ende König an der Seite einer hübschen Prinzessin wurde. Schläue, Mut und letztlich das klug gewählte Wort wurden am Ende belohnt – ein schönes Märchen.

Wer in Bad Hersfeld umherstreift, begegnet der Tuchmachertradition und dem Schneiderhandwerk auf Schritt und Tritt. Da gibt es die Webergasse, den Tuchmacherweg, die Leinenweberstraße und den Färberweg. Die Schneider hatten sich im Mittelalter vor allem rund um die wuchtige gotische Stadtkirche aus dem 14. Jahrhundert, im Bereich des Neumarktes und des Gässchens mit dem Namen Hanfsack, angesiedelt.

Viel später gab es noch andere, die in Bad Hersfeld und weit über die Stadtgrenzen hinaus von sich reden machten und wahrlich sagenhafte Dinge vollbrachten. Ein Mann namens Konrad Zuse (1919–1995) erfand den ersten Computer der Welt und ließ in Bad Hersfeld binnen zehn Jahren exakt 251 Computer bauen. Doch die Banken trauten dem Erfinder und seinen neumodischen Geräten nicht: Zuse bekam keine Kredite und seine Firma ging schließlich in einem anderen großen Unternehmen auf. Konrad Zuse freilich ist in Bad Hersfeld unvergessen, denn er ist immer noch da: Vor der Stiftsruine steht er, lässig die Linke in der Hosentasche und mit großer Brille, als Denkmal verewigt.

Berühmt wurde auch Konrad Duden, der 1876 sein Amt als Direktor des Königlichen Gymnasiums zu Hersfeld angetreten hatte. Dem kam mit Blick auf die Fähigkeiten seiner Schüler die Idee, die Rechtschreibung zu vereinfachen. 1880 erschien sein „Vollständiges Orthographisches Wörterbuch der deutschen Sprache". Viele richten sich – manchmal ungern – noch heute nach seinem Regelwerk. Der „Duden" wurde mehrfach neu aufgelegt. Manches würde dem Namensgeber, der mit den Sprachwissenschaftlern Wilhelm und Jakob Grimm in Fachfragen durchaus nicht immer einer Meinung war, vermutlich gar nicht gefallen.

Duden und die Grimms sowie auch Computervater Zuse werden in einem neuen Museum, das im Herbst 2011 die Pforten öffnen und auch mit der Magie der Sprache verzaubern soll, einen ehrenvollen Platz erhalten.

„Einmal schenkte die Großmutter dem Mädchen ein Käppchen von rotem Sammet, und weil ihm das so wohl stand und es nichts anders mehr tragen wollte, hieß es nur das Rotkäppchen." Auch die vielleicht prominenteste Bewohnerin der Grimmschen Märchenwelt ist also eine Nordhessin – zumindest gab es Rotkäppchen hier früher zu Hunderten: In der Schwalm, wie die ausgedehnte Talsenke am Mittellauf des gleichnamigen Flusses genannt wird, trugen unverheiratete Frauen bis zu ihrem 30. Geburtstag einen kleinen roten Hut.

Diese „Rotkäppchen-Tracht" wird rund um Schwalmstadt noch heute getragen, wenn auch meist nur zu besonderen Anlässen: Wer im Sommer zur Hutzelkirmes ins malerische Fachwerkstädtchen Treysa oder zur Salatkirmes in die einstige barocke Wasserfestung Ziegenhain reist, wird in den traditionellen Festzügen auf jeden Fall das eine oder andere Rotkäppchen entdecken.

Die bunte Schwälmer Tracht hat seit dem 19. Jahrhundert immer wieder auch Maler zu künstlerischen Darstellungen inspiriert. In Willingshausen, einem Dorf am Südrand der Schwalm, entstand 1825 sogar eine der ersten europäischen Künstlerkolonien – mitgegründet von Ludwig Emil Grimm, dem malenden Bruder der weltberühmten Märchensammler Jacob und Wilhelm Grimm.

Die kleine Siedlung wurde zum internationalen Studienort, mehr als 300 Künstler gaben im Laufe der Jahrzehnte ihre Visitenkarte in der Schwalm ab. Doch glaubt man örtlichen Sagenerzählern, dann kennt die Gegend um Willingshausen noch weit unheimlichere Bewohner als diese sonderbaren Gäste, die mit Pinsel und Palette aus weiter Ferne anreisten, um Landschaften und bäuerliches Leben auf die Leinwand zu bannen.

Da wäre etwa das „Graue Männchen", das an der Quelle eines Waldbachs am Buchenköpfchen zu Hause sein soll – und immer Hunger hat. Wer ihm Brot gibt, wird nicht nur an Ort und Stelle mit einem fröhlichen Tänzchen belohnt, sondern kann fürderhin ein Leben ohne jede Not führen. Wer aber geizig ist, muss dafür teuer bezahlen. Einmal wollte ein Knecht mit dem Gnom partout nicht teilen: Wer nicht arbeite, solle auch nicht essen, verkündete er. Kurz darauf entglitt dem Mann die Sense und fuhr ihm so schwer ins Bein, dass er zeit seines Lebens nicht mehr richtig laufen konnte. Noch heute rät man darum Waldarbeitern oder Spaziergängern, die sich auf den Weg zum Buchenköpfchen machen: „Denk an das Frühstück für das Graue Männchen!"

Oder da wäre jener andere Knecht in Gundelshausen, der seinen Gürtel tagein, tagaus niemals ablegte. „Den hab ich geerbt und muss ihn immer anhaben", pflegte er zu erklären. Eines Tages aber, als er mit der Magd zur Erbsenernte auf ein riesiges Feld geschickt worden war und tagelang hätte rupfen müssen, zog er ihn doch aus – und auf einmal war die Luft voller kleiner Teufelchen, die die mühsame Arbeit binnen einer Stunde verrichteten. Die Magd aber, die trotz seines Verbots zugeschaut hatte, bekam es mit der Angst, quittierte den Dienst und zog eiligst von dannen. Alles erfunden? Wir wissen es nicht. Aber der Acker, der heißt noch heute „Teufelsacker".

# Spangenberg

## Wahre Liebe und
## großes Leid

eschichten von unvorstellbarer Liebe und von unvorstellbarer Grausamkeit erzählt man sich in Spangenberg. Das Städtchen, das mit seinen reich verzierten Fachwerkhäusern und den Resten der alten Befestigungsmauer als eines der schönsten mittelalterlichen Altstadtensembles in Hessen gilt, darf die Liebe sogar offiziell im Namen führen: Seit dem Jahr 2000 trägt Spangenberg die zusätzliche Bezeichnung „Liebenbachstadt" – eine Hommage an die Bürgermeistertochter Else und ihren geliebten Kuno, die nach dem Willen von Elses gestrengem Papa nur heiraten durften, wenn sie die notorisch trockene Stadt mit Wasser aus dem Wald versorgen würden.

Vierzig Jahre lang, so erzählt es die Sage, sollen die beiden tagein, tagaus gegraben haben, um dem Quellwasser einen Weg zu bahnen. So groß war ihre Liebe, dass sie nie aufgaben, bis endlich das ersehnte Nass aus den Brunnen der Stadt sprudelte. Glücklich fielen sich die Liebenden in die Arme – und im selben Moment tot um. Die Anstrengung war zu groß gewesen. Den Bach aber, den die Liebenden gruben, nannte man fürderhin Liebenbach. Und auf dem Marktplatzbrunnen umarmen sich Kuno und Else noch heute, in Bronze.

Das Spangenberger Jagdschloss, das seit fast 800 Jahren als Wahrzeichen hoch über der Stadt thront, soll dagegen Schauplatz einer sagenhaften Schauergeschichte gewesen sein. Unter dem Titel „Der süße Tod zu Spangenberg" raunt man sie sich zu. Alljährlich im August ist der Schlossturm schwarz vor lauter Mücken. Und das kam so: Ein Mörder, der sich unerkannt wähnte, wurde nach der gerechten Strafe für einen barbarischen Mord gefragt. Nicht ahnend, dass er selbst gemeint sein könnte, schlug er vor: der Delinquent möge nackt ausgezogen, mit Honig beschmiert, in einen Käfig gesperrt und in die höchste Turmspitze gehängt werden, damit ihn die Insekten zu Tode kitzeln und stechen sollten.

Kaum hatte der Mörder dies ausgesprochen, wurde sein eigenes Urteil an ihm vollstreckt. Vielleicht aber, da ist sich die Überlieferung uneins, war es auch der lüsterne Knappe eines Spangenberger Ritters, der so qualvoll sterben musste. Er hatte immer wieder versucht, sich der Rittersfrau unziemlich zu nähern.

Der Insektenschwarm, das beteuern viele Spangenberger, kehrt seitdem an den „Mückenturm" zurück. Jahr für Jahr.

# Die Teufelskanzel

## Der gewaltige Felsen und die verlorene Wette

*H*och über dem thüringischen Ufer der Werra, da, wo sie einen hufeisenförmigen Bogen durch sanfte Flussauen zieht, liegt auf dem sogenannten Höheberg ein gewaltiger Sandsteinfels. Tief unter ihm, im Tal, liegt das Dörfchen Lindewerra; wenige Kilometer flussaufwärts, an der Deutschen Märchenstraße, das Dorf Wahlhausen; von Ferne grüßt die Burg Hanstein. Es ist ein Reich volkstümlicher Fantasie, und darin hat auch der riesige Fels seinen Platz. Denn wer sonst, wenn nicht der Teufel persönlich, sollte ihn auf dem Höheberg hinterlassen haben?

Er soll einmal während der Walpurgisnacht auf dem Brocken, dem höchsten Berg im Harz, vor den Hexen und ihren lasterhaften Gespielen besonders prahlerisch aufgetreten sein. Die hatten von der Prahlerei genug, reckten ihre Besen in den Nachthimmel und geiferten: „Zeig uns, Meister, was du vermagst!" Sie verhöhnten ihn, ob er denn wohl in der Lage sei, den gewaltigen Felsbrocken, auf dem er gerade stehe, auf den Hohen Meißner im Hessenland zu tragen, und zwar ohne ihn ein einziges Mal abzusetzen.

„Nichts leichter als das", schrie der Teufel, „die Wette gilt!" Und mit einem Ruck, der die Erde erbeben ließ, riss er den Felsen aus dem Boden und schwang sich in die Lüfte, eine Wolke von Schwefel hinter sich lassend. Doch der Stein wog schwer, ja so schwer, dass dem Teufel die Kräfte versagten. Gerade als er über den Höheberg sauste, unter sich das liebliche Werratal, in der Ferne der sanfte Bergrücken des Hohen Meißners, da gelüstete es ihn nach einer Rast. Im Schatten der Bäume, so glaubte er, könne er unentdeckt ein Schläfchen halten.

Doch die Hexen waren ihm auf den Fersen. Auf ihren Besen waren sie dem Bocksfuß nachgeritten und fanden ihn schlafend in der Morgensonne. Als sie ihn auslachten, fuhr der Teufel wütend auf, zerriss die Hexen mir nichts, dir nichts, in der Luft und raste auf und davon. Den gewaltigen Fels aber ließ er liegen. Der heißt seitdem die „Teufelskanzel".

Und wenn es stimmt, was die Alten sagen, dann hinterließ der Bocksfuß im Werratal einen so riesigen Fußabdruck, dass der Fluss seitdem einen weiten, hufeisenförmigen Bogen um ihn herum schlägt.

# Hanstein und Ludwigstein

## Teufelswerk, feindliche Brüder und ein Schatz

eit knapp 600 Jahren liegen sie sich gegenüber, die Burgen Hanstein und Ludwigstein. Rechts der Werra, auf einst kurmainzischem Territorium, die mächtige Grenzburg Hanstein, darin das Rittergeschlecht derer von Hanstein hauste. Die sollen, so heißt es, als Raubritter so hochmütig und gewalttätig gewesen sein, dass der hessische Landgraf Ludwig I., genannt „der Friedsame", im Jahr 1415 beschloss, ihrem Treiben ein Ende zu setzen. Und so entstand zum Schutz von Land und Leuten auf einem Bergkegel am linken Werraufer eine Höhenburg, die fortan „Ludwigstein" genannt wurde.

Der Bau war so rasch vonstatten gegangen, dass sich alsbald die Dörfler im Werratal zuraunten, der Teufel müsse dabei seine Hand im Spiel gehabt haben, ja der Böse selbst habe die Burg in nur drei Tagen und Nächten erbaut. Was dem frommen Landgrafen nur recht sein konnte, musste doch das Gerücht die frechen Hansteiner in Angst und Schrecken versetzen. Nicht genug, ließ er zum Hohn der Nachbarn an der Burgmauer zwei steinerne Köpfe anbringen: den „Neidkopf", der den Hansteinern die Zunge rausstreckt, und den „Rufer", der sein Schandmaul aufreißt, als wolle er sie übel beschimpfen. Worüber die Hansteiner freilich nur lachen konnten, hatten sie doch in die Mauer ihres Burgtores ebenfalls einen hässlichen Steinkopf mit herausgestreckter Zunge meißeln lassen.

Jahrhundertelang verhöhnten sich die feindlichen „Brüder" beiderseits der Werra, bis die Hansteiner einem mächtigeren Feind weichen mussten. Das war im Dreißigjährigen Krieg, als schwedische Truppen die stolze Burg zerstörten. Große Not war da, Heulen und Zähneklappern, mussten doch die Hansteiner fliehen und blieb ihnen keine Zeit, ihre gewaltigen Schätze mitzunehmen. Die lagen verborgen in unterirdischen Verliesen der Burg. Und wäre nicht vor mehr als hundert Jahren ein neugieriger Hirtenknabe in die düsteren Gewölbe eingedrungen, würde der Schatz immer noch unversehrt dort ruhen.

Doch beinahe wäre das Abenteuer übel ausgegangen. Denn der Knabe verirrte sich in den finsteren Gängen, konnte den Ausgang nicht finden. Er setzte sich schließlich, erschöpft, wie er war, auf einen Stein und schlief ein. Erst als er die Turmuhr der Rimbacher Kirche schlagen hörte, genau zwölfmal, erwachte er. Und mit dem zwölften Glockenton, da ging auf einmal ein Poltern und Rumoren durch das alte Gemäuer und vor dem verängstigten Knaben stand ein riesenhafter Ritter in eiserner Rüstung. Der sagte zu ihm: „Folge mir!"

Der Junge erinnerte sich aber der Worte seiner Mutter, niemals etwas zu tun, wenn es nicht in Gottes Namen geschähe. So fragte er: „Geschieht es in Gottes Namen?" Der Ritter nickte und so folgte ihm der Junge. Da ging es hinab, über steile Treppen, bis sie in einen großen Saal gelangten. Überall standen da an den Wänden große Truhen, angefüllt mit Gold und Silber. „Nimm so viel du willst!", forderte der Ritter den Knaben auf. Und als der Junge zögerte, fügte er hinzu: „Nun, so nimm doch in Gottes Namen!"

Da griff der Junge zu und stopfte in seine Taschen, so viel nur hineinpasste. Wie er den Ritter nun fragen wollte, auf welchem Wege er denn aus der Burg wieder herausfinden könnte, da schlug die Turmuhr die erste Stunde des neuen Tages, und im gleichen Augenblick war der Ritter verschwunden.

Lange, bange Stunden mussten vergehen, bis der Junge glücklich wieder ans Tageslicht gelangte und er vor seiner armen Mutter die Schätze ausbreiten konnte. Die kluge Frau erwarb für sich und ihren Sohn einen schönen Bauernhof und um ihr Glück zu teilen, vergaß sie auch die Armen des Dorfes nicht.

Das Domizil

# Die Grimms, ihre Lieben und ihr leibliches Wohl

**D**as Haus ist das letzte in der Wilhelmshöher Allee", schreibt Wilhelm Grimm 1814 an seinen Bruder Jacob, der nach einem ausgedehnten Paris-Aufenthalt als Mitglied der Kurhessischen Gesandtschaft auf dem Wiener Kongress weilt. „Es stehen Säulen davor und ist der Wache grad gegenüber; es ist still und ländlich mit einer freien in der Abendsonne prächtigen Aussicht".

Während Jacob in der Donaumetropole tagsüber sein Scherflein dazu beiträgt, die Geschicke der europäischen Völker neu, wenn auch nicht unbedingt im Sinne des Fortschritts zu ordnen, und abends auf Bälle geht, um seiner geheimen Leidenschaft, dem in seiner Heimat verpönten Wiener Walzer, zu frönen, packen Wilhelm und die Schwester Charlotte in Kassel die Umzugskisten. Vielmehr: Sie lassen packen. Die Bestallung wenigstens einer Magd lässt selbst das damals recht bescheidene Vermögen der Brüder zu.

Man übersiedelt also aus der Altstadt in den zweiten Stock der nördlichen Torwache, blickt aus Rundbogenfenstern einerseits zum Herkules empor, was Wilhelm fasziniert, andererseits auf die Stadt herab, die bevorzugte Perspektive der Schwester. Ludwig Emil Grimm, der jüngere Bruder, der sich gern und über längere Zeiträume im Torgebäude aufhielt, hat ein Aquarell gemalt, das Lotte in einem Sessel am Fenster ihres hellblau getünchten Salons zeigt, die Augen freilich nicht in Richtung Stadt, sondern auf eine Nadelarbeit gerichtet. Handarbeiten lagen ihr offenbar mehr als die Sorge für das leibliche Wohl der Brüder, die ihr seit dem Tod der Mutter oblag.

Jacob, durch seine Aufenthalte in Paris und Wien kulinarisch verwöhnt, beschwert sich nach seiner Rückkehr, die Schwester wolle „sich nicht so recht zum Haushalt schicken", ja, benehme „sich wie eine sich sträubende Provinz." Wilhelm hat mit der sich sträubenden Provinz weniger Probleme, er besitzt einen Schrank, in dem er Schokolade aufbewahrt, vermutlich hergestellt in der Halloren Schokoladenfabrik Halle/Saale, der ältesten ihrer Art auf dem Kontinent. Die exotische Süßigkeit genießt damals nicht nur den Status eines Genussmittels, sondern gilt ebenso als Medizin, wird als kräftigend, leicht verdaulich und Aphrodisiakum empfohlen.

Als überaus anregend empfanden die Brüder vor allem Begegnungen mit sprachlichen Quellen, seien es nun Märchen, Sagen oder Rechtsaltertümer. Doch als Lotte 1822 den geschwisterlichen Haushalt verlässt, um zu heiraten, sind die Grimms ihre, wenn auch lausige, Köchin los. Eine weitere Schwester existiert nicht – so muss denn einer von ihnen notgedrungen heiraten, um dem Schreckgespenst eines „unangenehmen Haushalts" zu entfliehen.

Den Part übernimmt Wilhelm, der jüngere Bruder. Er führt 1825 Dorothea „Dortchen" Wild zum Altar, die Tochter eines Apothekers, die ihrerseits viel Stoff zur gemeinsamen Märchensammlung beigetragen hat – unter anderem das Märchen vom „Tischleindeckdich". Dortchen ist eine begnadete Köchin – darauf lässt ihr Kochbuch schließen, in akkurater Jungmädchenschrift mit eigenen wie überlieferten Rezepten bestückt.

Ihre Kochkünste stellte Dortchen Wild nicht mehr in der Torwache unter Beweis. 1822 zogen die Brüder in eine Wohnung unweit des Palais Bellevue, drei Jahre später stieß sie dazu und verköstigte fortan „ihre zwei Männer", wie sie gelegentlich ironisch verlauten ließ – bis zum jeweils letzten Atemzug.

# Der Urwald

## Erstarrte Ungeheuer, Baumriesen und ein Graf

*S*ind die Baumriesen im Urwald nahe der Sababurg erstarrte Ungeheuer, die dazu verdammt wurden, ganz allmählich zu Staub zu zerfallen? Und was hat es mit dem Baum auf sich, der einst „Margarete" getauft wurde? Waren dort Zauberer am Werk?

Weder Zauberer noch Menschen haben in diesem Wald das Sagen, auf den über 90 Hektar herrscht hier seit mehr als hundert Jahren allein Mutter Natur. Das Ergebnis ist üppiger Wildwuchs und ein vollkommen unkontrolliertes Sterben: Bäume stehen dort buchstäblich bis zum Umfallen. Sie sterben einen schönen Tod. Im Vermodern bieten ihre Stämme diversen Insekten und Pflanzen Lebensraum – so lange, bis das tote Holz zu Erde geworden ist, in der dann wieder neue Bäume wurzeln. Im Urwald verwirklicht sich der Kreislauf des Lebens.

Es heißt, man habe diesen besonderen Wald einem Grafen mitsamt dem ihn umgebenden, über 200 Quadratkilometer großen Reinhardswald zu verdanken. Graf Reinhard, ein glückloser Spieler, war einst Herr über dieses Land. Nach und nach verspielte der betuchte Graf alles, was er besaß, bis er am Ende beim Würfeln mit dem Bischof von Paderborn seine ganze Grafschaft aufs Spiel setzte – und verlor. Zu allem Übel war der Graf ein gar schlechter Verlierer: Er bat den Gewinner darum, vor Übergabe der Ländereien noch einmal säen und ernten zu dürfen. Die Bitte wurde ihm gewährt. Daraufhin ließ Graf Reinhard alle Bewohner vertreiben, die Häuser und das fruchtbare

Ackerland niederbrennen und nichts als Eicheln und Bucheckern ausbringen. Als der Bischof ein paar Monate später kam, um das gewonnene Land in Besitz zu nehmen, sah er nichts als verbrannte Erde. Am riesigen Wald, der aufgrund der gräflichen Saat allmählich heranwuchs, konnten sich erst später andere freuen.

Dass es heute mitten im Reinhardswald den Urwald gibt, so ist es verbrieft, hängt mit Theodor Rocholl (1854–1933) zusammen. Der Pfarrerssohn war eine Art Kriegsberichterstatter. Statt mit einer Kamera zog er mit Pinsel und Staffelei über die Schlachtfelder. Frieden fand er schließlich im Reinhardswald, wie viele seiner Landschaftsgemälde zeigen. Als Student hatte er sich bei Wanderungen in den Urwald nahe der Sababurg verliebt. Die Zuneigung war so stark, dass sich Rocholl später dafür einsetzte, den Landstrich unter Schutz zu stellen, was ihm auch gelang: Ab 1907 durfte dort kein Baum mehr gefällt werden.

Bis dahin hatte der Mensch heftig Hand angelegt. Noch Mitte des 19. Jahrhunderts diente der gesamte Reinhardswald als Weide. Bauern trieben ihr Vieh unter die Bäume, damit es sich an Bucheckern oder Eicheln laben konnte. Das führte dazu, dass die Baumsamen nicht wie im naturbelassenen Wald aufgehen und Schösslinge bilden konnten. Einsam standen die Eichen und Buchen, die Futter lieferten und im Laufe der Zeit immer mächtiger wurden. Viele existieren heute noch und haben inzwischen mehrere Hundert Jahre auf dem Buckel. So mancher Methusalem ist ein Medienstar, die „Kamineiche" zum Beispiel.

Dieser sich selbst überlassene Wald ist nicht nur Hessens ältestes Naturschutzgebiet, er gilt als das bekannteste Waldstück Deutschlands. So musste er schon als Filmkulisse oder Vorlage für eine Motivtapete herhalten.

Je nach Tageslicht und Fantasie verwandeln sich die knorrigen Buchen oder Eichen in grimmige oder gemütliche Gestalten. 50 000 Besucher besuchen die Baumriesen pro Jahr und sind ganz begierig auf den sagenhaften Reichtum an Tieren und Pflanzen, denn in kaum einem Wald existieren so viele verschiedene Arten. Wissenschaftler unternahmen bereits diverse Versuche, sie zu zählen – ein schwieriges Unterfangen. So sollen 2000 bis 3000 verschiedene Insekten dort leben und der Schleimpilz, ein äußerst merkwürdiges Wesen, das weder Pflanze noch Tier ist. Man kann ihn leicht übersehen, was für ihn dramatische Folgen haben kann.

Damit solche und andere seltene Exemplare nicht unter dem Schuh eines Besuchers enden, ist im gesamten Urwald ein Leitsystem mit Informationstafeln und Stegen angelegt worden. So können die Gäste der Natur zwar sehr nahe kommen, ihr aber nichts anhaben. Seit unter den Bäumen kein Vieh mehr weidet, gewinnt die Natur nach und nach an Boden, sodass diverse Nachkommen den alten Huteeichen und -buchen inzwischen Gesellschaft leisten. Der Urwald liefert so auch Erkenntnisse darüber, wie sich ein Ökosystem im Verlaufe von hundert Jahren verändern kann, wenn es sich selbst überlassen wird.

Es heißt, der Reinhardswald mitsamt seinem Urwald sei ein Märchenwald. Gut möglich, dass sich Hänsel und Gretel dort verlaufen haben. Nicht nur Schwarzstorch und Wildkatze sind dort gesichtet worden, sondern auch – und das ist kein Märchen – ein Wolf.

Ungeheuer Dummriesen

Rothäppchen

# Märchenfrau Dorothea Viehmann

## Die Fremden, wundersame Geschichten und eine vortreffliche Erzählerin

F rüher, als das Brauhaus „Knallhütte" in Rengershausen noch unter dem poetischen Namen einer
Herberge „Zum Birkenbaum" firmierte, war das Leben für
die junge Katharina Dorothea Pierson, später bekannt als die „Viehmännin", leicht und schwer zugleich. Leicht war ihre Kindheit, weil
der bunte Abglanz des Lebens und seiner märchenhaften Elemente
ihre Fantasie belebte. Schwer wurde es, als sie die Schrecken des Krieg-
es erlebte. Ein Jahr war sie alt, als der Siebenjährige Krieg ausbrach
(1756 bis1763). Über die alte Frankfurter Handels- und Heerstraße zog
lärmende Soldateska in die elterliche Herberge ein, im Tross Verwun-
dete und Flüchtlinge. Einmal war ein hoher französischer Offizier unter
ihnen, dem das Kind in fließendem Französisch antworten konnte, denn
in der Hugenottenfamilie Pierson, die einst aus dem lothringischen Metz
zugewandert war, wurde französisch gesprochen.

Wenn es Nacht wurde und die Bänke der Herberge hochgestellt wurden, auf dass die Gäste auf Heu und Stroh ihr Nachtlager einrichteten,
schlug für das Kind die große Stunde. Dann spitzte es die Ohren und
lauschte den Erzählungen der Fremden. Die bewahrte es über Jahrzehnte in seinem Gedächtnis, Wort für Wort.

Wundersames bekam das Mädchen zu hören, Skurriles, ja Satirisches,
wie die Geschichte vom Quacksalber „Doktor Allwissend", worüber die
Gäste wohl in dröhnendes Gelächter ausbrachen. Aber auch so romantische Märchen wie „Dornröschen" oder „Rapunzel", die sogar die hart
gesottenen Gesellen in der Herberge „Zum Birkenbaum" zu rühren
vermochten.

Wie es sich gehörte, heiratete die junge Pierson einen Mann ihres
Standes, nämlich den Schneider Nikolaus Viehmann aus Niederzwehren. Die Familie wuchs um sechs Kinder an – fünf Töchter und einen
Sohn – und zog 1787 von Rengershausen nach Niederzwehren, damals
ein Dörfchen von kaum tausend Seelen. Etliche Jahre wohnte Dorothea
Viehmann im heutigen Märchenweg 11, danach bis zu ihrem Tod 1815
in dem Haus der heutigen Brüder-Grimm-Straße 46.

Schwere Zeiten waren das für die Viehmännin. Zwei ihrer Kinder
musste sie zu Grabe tragen, eine Tochter und den einzigen Sohn. Und
wieder musste sie erleben, wie von Frankreich her der Krieg über das
Land zog. Musste hören, dass ein fremder König, den sie im Dorf
„König Lustik" nannten, nun im Schloss zu Kassel residierte. Der bade
morgens in Eselsmilch, mittags in Bouillon und abends in Rotwein.
Und wenn er nicht gerade bade, sause er zur Winterzeit mitsamt seiner
dicken Königin Katharina in einem Schlitten durch die Wälder und der
sei bespannt mit vier weißen Hirschen!

Die Viehmännin hat andere Sorgen. Im Jahr 1813, als die „West-
phälische Zeit" zu Ende geht, finden wir sie, völlig verarmt, als Markt-
frau wieder, die in Kassel Obst und Gemüse aus ihrem Zwehrener
Garten feilbietet. 58 Jahre ist sie da alt, müde und kränklich. Jeder weiß,
dass diese Frau eine gute Märchenerzählerin ist – und nun kommen die
Brüder Grimm ins Spiel.

Am 7. April 1813 betritt Dorothea Viehmann zum ersten Mal das
verwinkelte Fachwerkhaus in der Kasseler Altstadt, Marktgasse 7, wo
sich Jacob und Wilhelm Grimm gemeinsam mit ihren drei Brüdern
Carl, Ferdinand, Ludwig Emil und der Schwester Charlotte eine bescheidene Wohnung teilen. Und die Viehmännin erzählt und erzählt,
beginnend mit dem Märchen von den „Drei Handwerksburschen". An-
derthalb Jahre später beendet sie ihre Erzählungen mit dem Märchen
vom „Teufel und seiner Großmutter". Insgesamt 21 Märchen erzählt
sie und alles lauscht atemlos. Nur Jacobs oder Wilhelms Feder ist zu
hören, wie sie eilig über das Papier kratzen. Der Maler-Bruder Ludwig
Emil skizziert die früh gealterte Frau wie sie so da sitzt in ihrer einfachen
Tracht, mit Häubchen und Halstuch, die runzligen Hände auf dem
Tisch ruhend. Nur ein Jahr später stirbt sie nach schwerer Krankheit
und wird auf dem Friedhof der Niederzwehrener Kirche beigesetzt.
Die Veröffentlichung ihrer Geschichten in der zweiten Ausgabe der
Grimmschen „Kinder- und Hausmärchen" von 1815 hat sie nicht
mehr erlebt.

# Die Wassernix

erzählt von Marie Hassenpflug, verheiratete

**Schauenburg**

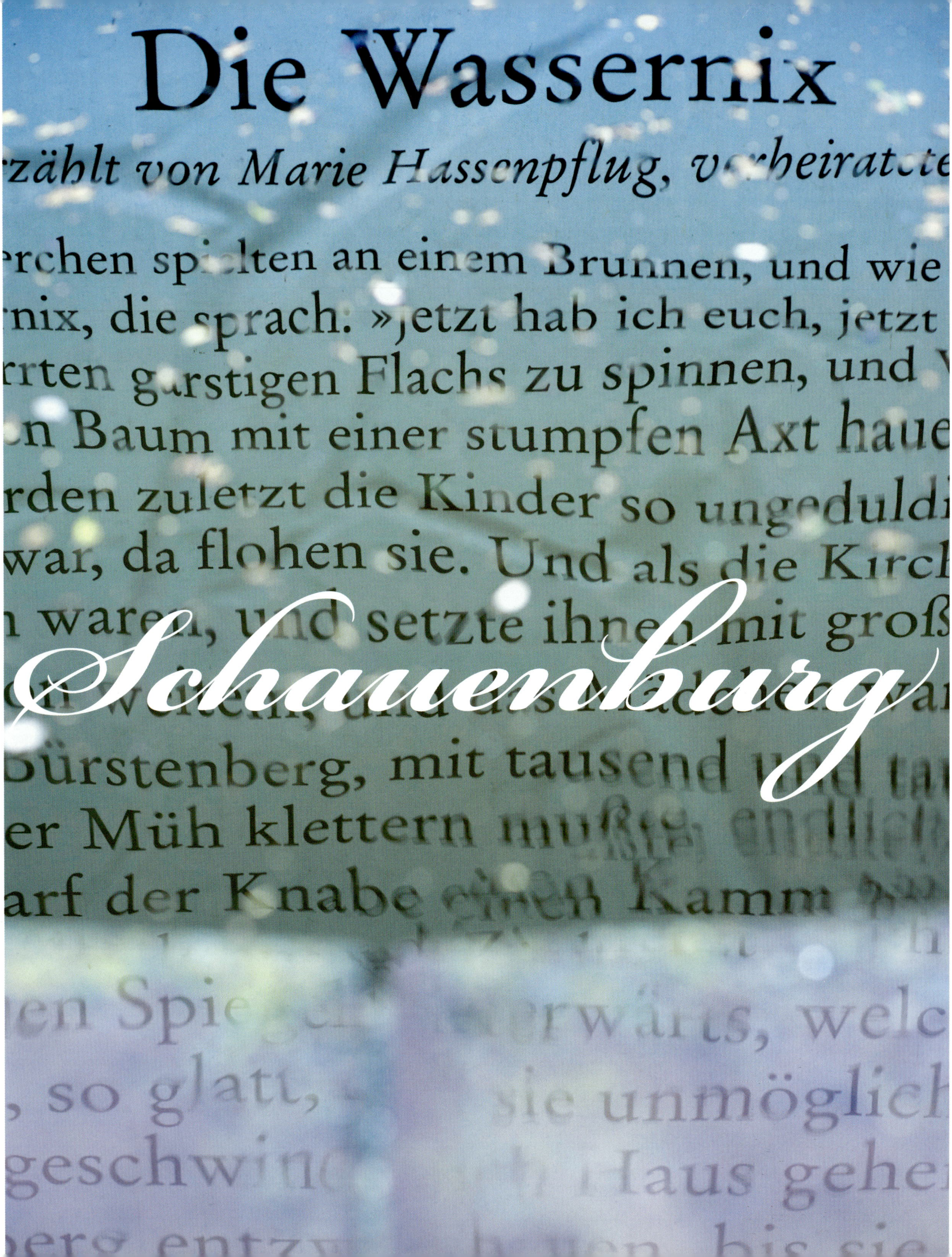

...rchen spielten an einem Brunnen, und wie

...nix, die sprach: »jetzt hab ich euch, jetzt

...ten garstigen Flachs zu spinnen, und

...en Baum mit einer stumpfen Axt haue

...rden zuletzt die Kinder so ungeduld

...war, da flohen sie. Und als die Kirch

...n waren, und setzte ihnen mit groß

...ürstenberg, mit tausend und ta

...er Müh klettern muß... endlich

...arf der Knabe einen Kamm

...en Spiegel ...wärts, welch

..., so glatt, ...sie unmöglich

...geschwind... Haus gehe

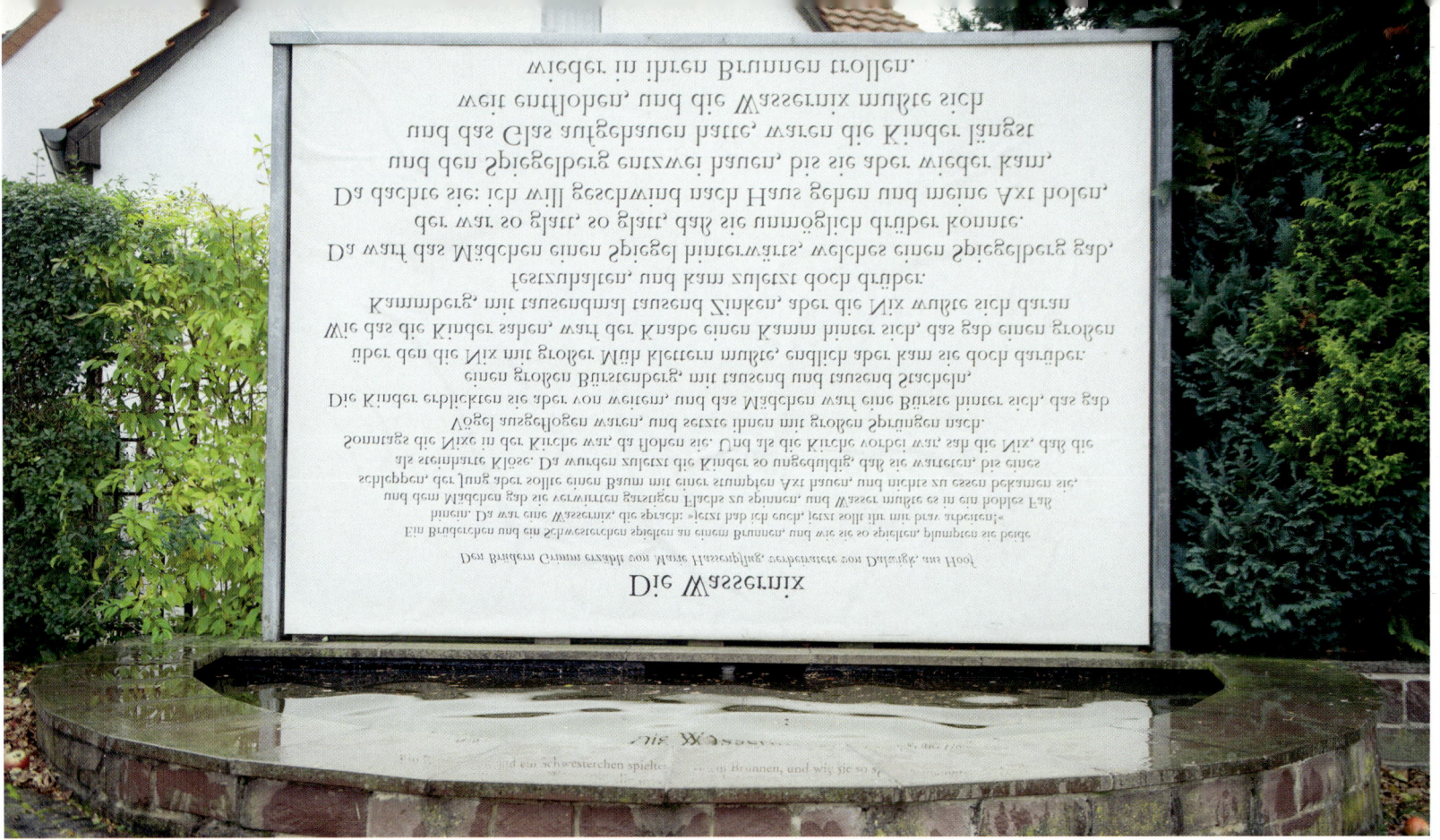

# Garstige Wassernixen, der Spiegel und die Wache

Auf der Zeitreise in die Welt der Sagen begegnen uns wundersame Gestalten: Riesen, Wichtelmänner, Hexen, Feen, Ritter und nicht zu vergessen: der Teufel. All diese Fantasiewesen wandeln jedoch auf Gottes sichtbarer Welt. Anders die Wassernixen. Ihr Reich liegt in der unergründlichen Tiefe stiller, lockender Brunnen und Seen.

So soll es in der Gegend von Schauenburg einmal eine Nixe gegeben haben, die ein unschuldiges Geschwisterpaar in die Untiefen ihres nassen Reiches lockte. Harte Arbeit mussten sie da für sie leisten. Doch eines glücklichen Tages gelang ihnen die Flucht. Da ging es über Stock und Stein, Berg und Tal, und die erzürnte Nixe hinter ihnen her. Ach Gott, war da große Not! Was tun? Schwesterchen fiel es ein, eine Bürste hinter sich zu werfen. Daraus wurde durch Zauberhand ein borstiger Berg. Doch der war für die zornige Nixe kein Hindernis.

Was nun? Brüderchen warf einen Kamm hinter sich. Der verwandelte sich im Nu in einen Berg von Kämmen, mit Zinken, spitznadelscharf. Auch den überwand die Nixe. Die Geschwister eilten weiter, rannten Hand in Hand, durch den dunklen Wald, bergab, bergauf. Endlich warf das Schwesterchen einen Spiegel hinter sich. Der wurde im Handumdrehen zu einem Spiegelberg, so groß, so blendend, dass die Nixe ihn nicht zu überwinden vermochte.

Gab sie endlich auf? Nein. Sie hastete in ihr Wasserschloss, holte eine Axt, den Spiegelberg zu zertrümmern. Vergebens. Der Spiegelberg war zerronnen, die Geschwister entkommen. Ende gut, alles gut!

Wer's nicht glaubt, der werfe einen Blick in den Brunnen der Schauenburger „Märchenwache" – eine liebevoll eingerichtete Gedenkstätte für die Märchenbeiträger Johann Friedrich Krause und Demoiselle Marie Hassenpflug. Beide hatten den Grimms Anfang des 19. Jahrhunderts eine Vielzahl wunderschöner Märchen erzählt, die später weltbekannt werden sollten, darunter das von Schneewittchen, Dornröschen und Rotkäppchen.

Der Brunnen vor der Märchenwache ist halbrund und von einer niedrigen Mauer eingefasst. Dahinter eine große weiße Tafel, darauf in schwarzer Spiegelschrift die Sage von der Schauenburger Wassernixe. Wer genau hinschaut, der kann sie im Spiegelbild der Wasseroberfläche nachlesen.

# Weidelsburg

## Arrogante Riesen, streitsüchtige Ritter und kluge Frauen

ls unschlagbarer Burgbezwinger fühlte sich einst ein nordhessischer Goliath. Doch als der arrogante Riese einen Felsblock schleuderte, um die Weidelsburg zu vernichten, rutschte ihm das gigantische Wurfgeschoss vom kleinen Finger ab und die Attacke endete kläglich. Während Goliath daraufhin vor lauter Kummer verging, blieb die Festung bei Wolfhagen bestehen: Die im 12. Jahrhundert erstmals urkundlich erwähnte Anlage gilt heute als größte Burgruine in Nordhessen.

Wann und von wem die Wehrburg auf dem 492 Meter hohen Weidelsberg einst errichtet wurde, bleibt im Dunkel der Geschichte verborgen. Mehrfach aber – so viel ist sicher – erlebte sie Zerstörung und Wiederaufbau, ehe sie vor gut 400 Jahren endgültig aufgegeben wurde. Der fehdesüchtige Ritter Reinhard von Dalwigk, der 1431 vom Erzbischof von Mainz auf der Burg eingesetzt worden war, provozierte mit seinen ständigen Raubzügen sogar gleich zwei Belagerungen durch hessische und bischöfliche Truppen.

Über den Ausgang dieser Strafexpeditionen ist sich die Überlieferung allerdings uneins: Außer Ritter Reinhard, so erzählt die eine Sage, hätten alle Burgbewohner abziehen dürfen mit dem im Gepäck, was ein Esel tragen konnte. Weswegen der Amtmann in einen Sack kroch und sich auf dem Rücken des Tieres verstauen ließ. Ein allzu durchsichtiges Manöver, das prompt scheiterte: Der Ritter wurde von den Soldaten des hessischen Landgrafen entdeckt und gefangen genommen.

Einer anderen Legende zufolge gelang Reinhard von Dalwigk jedoch die Flucht – und zwar dank der Liebe und List seiner Frau. Die kluge Agnes kannte sich in der Geschichte aus und erinnerte sich daran, wie drei Jahrhunderte zuvor die „Weiber von Weinsberg" in Schwaben Kaiser Konrad III. übertölpelt hatten: Wie diese handelte Agnes mit den Belagerern aus, dass alle Frauen unbehelligt die Burg verlassen und dabei auf den Schultern tragen dürften, was ihnen am wertvollsten war. Doch statt sich kostbare Kleider und Kleinodien aufzuladen, wie es die anderen taten, schleppte Agnes ihren Gatten zum Burgtor hinaus. Und der Landgraf von Hessen musste die beiden zähneknirschend ziehen lassen.

In der Fachwerkstadt Wolfhagen, auf deren Gebiet die Weidelsburg heute steht, hat man indes einem weit berühmteren Tunichtgut ein Denkmal gesetzt: Es ist der Wolf aus dem Grimmschen Märchen „Der Wolf und die sieben Geißlein". Just der Brunnen auf dem Wolfhager Marktplatz soll es gewesen sein, in den der gefräßige Räuber stürzte, nachdem ihm die Geiß den Bauch aufgeschnitten und ihre vom Wolf verschlungenen Kinder durch schwere Wackersteine ersetzt hatte. Seit 2002 erinnern Bronzefiguren am Brunnen an das klägliche Ende des bösen Wolfs.

# Bad Wildungen & Bergfreiheit

## Die sieben Zwerge, die schöne Margarethe und ihr mysteriöser Tod

chneewittchen? Es gab sie wirklich! Davon ist Eckard Sander fest überzeugt. Der Heimatforscher hat im Stadtarchiv von Bad Wildungen ein bemerkenswertes Dokument entdeckt: eine Reimchronik aus dem 16. Jahrhundert. Sie handelt von einer Pestepidemie, vom ersten Hexenprozess in der Region und berichtet aus der Reformationszeit sowie vom kurzen, bewegten Leben der Grafentochter Margaretha von Waldeck, geboren anno domini 1533 auf Schloss Friedrichstein, im Norden Bad Wildungens auf einem dramatisch aufragenden Hügel gelegen.

Zu ihrer Zeit stand an dieser Stelle eine mittelalterliche Burg, die im frühen 15. Jahrhundert in den Besitz des Hauses Waldeck übergegangen war. Margarethas Mutter, Margarethe von Ostfriesland, sollte die Geburt ihres elften Kindes nicht überleben. Als es vier Jahre alt ist, heiratet ihr Vater, Graf Philipp IV. von Waldeck, genannt „der Schöne", ein zweites Mal. Margarethes Stiefmutter, auch das ist verbrieft, war eine strenge Frau.

16-jährig schickt Philipp seine Tochter nach Brabant, heute Brüssel, an den Hof Marias von Kastilien mit dem Ziel, sie dort standesgemäß zu verheiraten – vielleicht auch, um sie den Schikanen seiner Zweitfrau zu entziehen. Sein Kalkül scheint aufzugehen: Als Hofdame verdreht die nun von stiefmütterlichen Übergriffen befreite, bildhübsche Blondine so manchem Spross aus dem Hochadel den Kopf, nicht zuletzt dem – wie die Geschichtsschreibung betont – glücklich verheirateten und mit einer elfköpfigen Kinderschar gesegneten Grafen Lamoral von Egmont.

Leider betört die schöne Maid aber auch den spanischen Thronfolger Philipp II., dem jedoch bestimmt ist, zwecks Erweiterung der Herrschaftssphäre Königin Maria I. von England zu ehelichen. Kaum hat Margarethas Romanze mit dem spanischen Infanten begonnen, geht es mit ihrem Gesundheitszustand unaufhaltsam bergab. Am 15. März 1554, ein Vierteljahr vor der Vermählung Philipps mit der ungeliebten Engländerin, stirbt sie im Alter von nur 21 Jahren unter mysteriösen Umständen. Vergiftet? Eine in jenen Zeiten nicht ungewöhnliche Todesart. Arsen, vermutet Sander, was auch die zittrige Schrift erklären würde, in der ihr Testament verfasst ist, welches der Heimatforscher ebenfalls aufgestöbert hat.

So viel zur Historie. Wenn man bedenkt, dass die Brüder Grimm das Märchen vom Schneewittchen möglicherweise von Marie Hassenpflug erzählt bekommen haben, dann wäre seine Verwurzelung im hessischen Raum nicht unwahrscheinlich. Allerdings: War nicht Schneewittchens Haar „schwarz wie Ebenholz"? Ja – und nein. Die erste Fassung von 1808 schwärmt noch vom gelben Haar der Königstochter. Warum die Märchensammler ihre liebreizende Titelheldin später umgefärbt haben? Vielleicht um Assoziationen mit der historischen Figur zu vermeiden? Oder weil sie, leidenschaftliche Philologen, die sie nun einmal waren, sich in den Klang des Wortes „Ebenholz" verliebt hatten? Das wird wohl für immer ein Geheimnis bleiben.

Doch was hat es mit den sieben Zwergen hinter den sieben Bergen auf sich?

Nun, das Siebengebirge hat Margarethe auf ihrer Reise nach Brabant tatsächlich überquert, dort allerdings nicht die sieben Zwerge getroffen, denn die hausten ganz in der Nähe ihrer alten Heimat. In Bergfreiheit nämlich, heute ein Stadtteil von Bad Wildungen.

In früheren Jahrhunderten war das Dorf im Tal der Urff das Zentrum des Bergbaus im Kellerwald. Schon 1252 sind Abbaurechte urkundlich erwähnt. 1552, unter der Regentschaft von Margarethas Vater also, wurde dann planmäßig der Bergbau auf Kupfererze aufgenommen, die Gruben trugen poetische Namen wie „Himmlische Gabe", „Zum Segen Gottes", „Fünf Eichen" und „Allerheiligengut".

Schon kleine Kinder waren gezwungen, ihren Lebensunterhalt im Bergwerk zu verdienen. Weil sie im Dunkeln arbeiten mussten und ihre Nahrung wohl kaum aus „himmlischen Gaben" bestand, blieben sie oft kleinwüchsig. Auch die Häuser, in denen die Zwerg-Bergarbeiter gemeinsam lebten, waren entsprechend niedrig und bestanden bisweilen nur aus einem Raum, der dem Essen und Schlafen diente – wie im Märchen „Schneewittchen" beschrieben. Dieser ausschließlich für die Bergmannshütten des Dorfes Bergfreiheit belegte historische Grundriss ist auch in dem 1736 erbauten Fachwerkhaus noch erkennbar, das heute als „Schneewittchenhaus" Groß und Klein zur lebendigen Begegnung mit dem Grimmschen Märchenschatz einlädt.

# Gieselwerder

# Schneewittchen II,
## ihre sagenhaften Spuren und die Lust am Wunderbaren

Vor nicht allzu langer Zeit begab es sich, dass ein Bauherr in Gieselwerder, gelegen am Oberlauf der Weser unweit von Karlshafen, ein altehrwürdiges Fachwerkhaus zu sanieren begann, um darin ein Textil-Museum einzurichten. Bei den Bauarbeiten wurde hinter einer bröckelnden Lehmwand ein kleines Gelass entdeckt, darin sieben zerschlissene Zipfelmützen und Scherben kleiner Tellerchen.

Die sofort eingeleitete Recherche des Bauherrn sowie örtlicher Märchenfreunde ergab, dass es sich hierbei zweifellos um die Wohnstätte der sieben Zwerge handeln musste, also um den historisch nachweisbaren Ort, an dem Schneewittchen nach dem fehl geschlagenen Mordkomplott der Stiefmutter vorübergehend Zuflucht fand.

Argumente, die waghalsige These zu belegen, bot die frühindustrielle Geschichte der Gegend. Waren die Zwerge nicht Bergleute gewesen? Und hatte es nicht nur zwei Kilometer von Gieselwerder entfernt ein Eisenbergwerk gegeben? Gewiss, da sind ja noch die Reste der Abbaustollen zu sehen, oben auf der Höhe des Reinhardswaldes, am Oberlauf des Georgengrundes. Da muss es gewesen sein, wo die sieben Zwerge in die Unterwelt eingefahren sind und nach Eisenerz hackten, während Schneewittchen das stattliche „Haus der kleinen Steinschneider" in Gieselwerder in liebevoller Obhut hielt.

Doch damit nicht genug. Wurden doch aus allerlei Mutmaßungen nach und nach Indizien, die sich zur wunderlichsten Kette schlossen. Nicht nur, dass Bergleute in früheren Zeiten „Steinschneider" genannt wurden. Mehr noch erhärteten sonderbare Fundorte die These, unmittelbar auf der Spur von Schneewittchen und den sieben Zwergen zu sein. Der Umstand etwa, dass es vor langer Zeit im Dörfchen Polier jenseits der Weser, wo der Fluss besonders feinen Sand anspült, eine florierende Spiegelfabrikation gab. Sollte die böse Stiefmutter möglicherweise dort ihren Zauberspiegel in Auftrag gegeben haben? Und könnte es nicht auch sein, dass die glühenden Eisenschuhe, in denen sie bei Schneewittchens Hochzeit tanzen musste, bis sie tot umfiel, im „Eisenhammer", im benachbarten Lippoldsberg, gefertigt wurden?

Wer noch zweifelt, der wandere nur durch das anmutige Wesertal, wo Apfelbäume ohne Zahl die schönsten Früchte hervorbringen, rotbackig, süß und saftig. Da fällt es ihm wie Schuppen von den Augen: Da, wo sich tief im Reinhardswald die Sababurg über die Wipfel erhebt, da muss Schneewittchens Heimat sein.

Märchen, so schrieb Wilhelm Grimm einmal, befriedigen die „Lust am Wunderbaren". Und wer wollte bestreiten, dass nichts so verlockend ist wie das Übersinnliche, Unerklärliche, das aller Vernunft zuwiderläuft? Etwa ein Bächlein, das bergauf fließt. Gibt es das wirklich? Gewiss doch. Wo Märchen zu Hause sind, da ändern auch Bächlein schon mal ihren Lauf. Ganz in der Nähe von Gieselwerder, gleich hinter einer Kurve der Straße nach Gottsbüren, ist das „Wunder" zu bestaunen. Zu behaupten, es sei nur eine optische Täuschung, hieße, die „Lust am Wunderbaren" zu schmälern – was schade wäre.

# Fritzlar

## Die Heiden, Bonifatius und die Donar-Eiche

In uralter Zeit, als die Germanen im Chattengau noch störrisch an ihren alten Göttern festhielten, befand sich an der Stelle, wo später die Doppeltürme des Fritzlarer Domes St. Petri himmelwärts streben sollten, das Dörfchen Geismar, seit alters her von den Heiden bewohnt.

Es ist der älteste Kern der pittoresken mittelalterlichen Altstadt von Fritzlar mit ihren schmucken Fachwerkhäusern und allgegenwärtigen Spuren vergangener, nicht immer friedlicher Zeitläufe.

Kriegerisch ging es auch in den Zeiten der Christianisierung zu. Das mächtige Frankenreich hatte sich damals bis ins nördliche Hessenland ausgedehnt. Stark befestigte Burgen bildeten die Speerspitzen der fränkischen Besatzungsmacht gegen äußere wie innere Feinde, boten sie doch Schutz vor der Angriffslust der unbesiegten Sachsen wie vor der Unlust der besiegten Heiden, sich unter das Kreuz des Heilands zu beugen.

So auch auf der Büraburg, gelegen hoch auf einem steilen Bergsporn, nahe bei Fritzlar am jenseitigen Ufer des Eder-Flüsschens mit herrlich weitem Blick über das Edertal und nur einen Steinwurf entfernt von dem Dörfchen Geismar. Dessen Bewohner, keineswegs „tumb", eher pragmatisch, standen mit den Franken in lebhaftem Handel. Lieferten Hühner, Getreide, Wildbret und Felle auf die Büraburg. Ging es aber darum, ihre Götter zu ehren, versammelten sie sich um eine uralte Eiche in der Dorfmitte von Geismar. Es war das Heiligtum des Donnergottes Donar, auch Thor genannt.

Eines Tages, anno domini 723, näherte sich durch das Edertal ein Trupp Reiter der Büraburg, angeführt von einem bärtigen Hünen. Der war den Franken wohlbekannt: Bonifatius, das wussten sie, war der Name, den der Papst in Rom dem angelsächsischen Missionar verliehen hatte mit dem apostolischen Auftrag, „ungläubige Völker mit dem Geheimnis des Glaubens bekannt zu machen". Und auch die Chatten, denen die Ankunft des wortgewaltigen Missionars nicht verborgen blieb, ahnten, dass sie der Grund seiner weiten Reise waren.

Es dauerte nicht lange, da ertönte von der Büraburg her der Ruf, die alte Eiche in Geismar müsse fallen. Gleich morgen werde die Axt angelegt. Da werde man schon sehen, wie es um die Macht der alten Götter bestellt sei.

Und schon drangen bei Sonnenaufgang erste Axthiebe durch die dörfliche Stille. Die aufgeschreckten Heiden eilten herbei und verfolgten stumm, wie sich die Baumkrone der Eiche neigte und der mächtige Stamm ächzend brach. Nichts rührte sich, kein Donner, kein Blitz rächte den Frevel. Da sanken die Heiden nieder. Bonifatius aber reckte die Arme gen Himmel, wo die Strahlenfinger Gottes eben gerade durch die Wolken brachen.

Was vom Immateriellen übrig blieb, ist bloße Materie – Holz nämlich. Bonifatius nutzte es, um vor Ort eine Kapelle zu errichten, die er dem heiligen Petrus weihte. An ihrer Stelle erhebt sich seit dem 11. Jahrhundert der St. Petri-Dom zu Fritzlar. Eine der schönsten romanisch-gotischen Kirchen in Hessen.

# Frankenberg

## Die Geister-Glocke, der Turm und die Hexen

inst lebten die Frankenberger mit sich und der Welt im Frieden. Gleichwohl hatten sie ihr Städtchen auf einem gut zu verteidigenden Berg errichtet und vorsorglich noch mit Mauern geschützt. Und auf Türmen hielten die Wächter stets Ausschau nach Feinden, die da kommen könnten. Sie kamen eines Nachts aus dem Nachbarland und schlichen sich, ohne dass es die Wächter bemerkten, im Schutz der Dunkelheit bis an die Mauern. Da plötzlich fing von Geisterhand die Sturmglocke zu läuten an und alarmierte alle Bürger. Niemand hatte, so schworen später alle Stein und Bein, die Glocke geläutet. Es sollen höhere Mächte im Spiel gewesen sein.

Wie auch immer: Die Feinde wähnten sich vorzeitig entdeckt und suchten ängstlich das Weite. So blieben die Menschen und die Häuser der Stadt damals verschont.

Aber dann, anno 1476, wurde die Stadt dann doch fast völlig vernichtet. Nicht von Menschenhand, sondern von den Flammen eines infernalischen Feuers. Nur das um 1240 von einer reichen Ratsfamilie erbaute „Steinhaus" hatte den Brand weitgehend überstanden, es steht heute noch. Und die Frankenberger behaupten, dass ihr 10-türmiges, wahrlich prächtiges Rathaus eines der schönsten im Lande sei.

Über den Hexenturm dagegen mögen sie weniger gern reden, denn um ihn ranken sich nicht nur üppige Efeublätter, sondern auch gruselige Geschichten. Da ist zum Beispiel die Legende von einem Wollweber, der einst brav und fleißig seinem Handwerk nachging und deshalb zu beachtlichem Reichtum kam. Und wie es so ist: Da gab es nicht wenige im kleinen Städtchen, die – neidisch und missgünstig – munkelten, bei so unerhörtem Reichtum müsse Hexerei im Spiel sein. Unter Verdacht stand vor allem des Wollwebers Tochter: eine hübsche, aber schmächtige, unter „Auszehrung" leidende junge Frau mit feuerroten Haaren.

Genährt wurde der unselige Verdacht durch den Nachtwächter. Der behauptete, er habe des Nachts bei Vollmond schon den Teufel durch den Schornstein in des Wollwebers Haus einfahren sehen.

So kam es, wie es in diesen Zeiten kommen musste: Die arme junge Frau wurde von aufgebrachten Bürgern aus dem Haus gezerrt, in einen Turm gesperrt und dort gequält und gefoltert – bis sie endlich gestand, schon viele Bürger verhext zu haben und mit dem Teufel im Bunde zu stehen. Danach waren die Tage der unschuldigen jungen Frau gezählt: Sie wurde auf einem Scheiterhaufen verbrannt, wie noch viele „Hexen" nach ihr.

Der Turm heißt seither Hexenturm. Und wer in mondhellen Nächten in seine Nähe kommt, der kann, so heißt es, das Schreien und die Klagen gequälter Frauen hören.

# Löwenburg

*Eine perfekte Fälschung,*
*die schönen Mätressen*
*und der Schwarze Ritter*

Die landgräfliche Intention war eindeutig: Hier, in dieser Burg mit den fürstlichen Ausmaßen und der üppigen Ausstattung, hier wollte er sich vergnügen und seiner Sammelleidenschaft frönen.

So ließ er nicht nur erlesene Möbel, Tapisserien, wertvolle Gemälde und Bronzen sowie stattliche Waffen in sein Ritterschloss bringen. Es sollen neben seiner Geliebten, der schönen Karoline von Schlotheim, im Laufe der Zeit auch viele reizvolle Mätressen in das landgräfliche Lustschloss gekommen sein. Allein mit einer dieser Damen habe er, so munkelte man, sage und schreibe neun Kinder gezeugt.

Von diesem Ort, der wohl alle Sinne und auch die Fantasie anregte, soll auch der große Goethe schwer beeindruckt gewesen sein. Jedenfalls lässt er seinen Mephistopheles in Faust II sagen:

Dann baut' ich, grandios, mir selbst bewusst,
Am lustigen Ort ein Schloss zur Lust.
Wald, Hügel, Flächen, Wiesen, Feld
Zum Garten prächtig umbestellt.
Vor grünen Wänden Sammelmatten,
Schnurwege, kunstgerechte Schatten,
Kaskadensturz, durch Fels zu Fels gepaart,
Und Wasserstrahlen aller Art;
Ehrwürdig steigt es dort, doch an den Seiten
Da zischt's und pisst's in tausend Kleinigkeiten.
Dann aber ließ ich allerschönsten Frauen
Vertraut-bequeme Häuslein bauen;
Verbrächte da grenzenlose Zeit
In allerliebst-geselliger Einsamkeit.
Ich sage Fraun; denn ein für allemal
Denk' ich die Schönen im Plural.

**D**ie Landschaft ist gleichsam Kulisse für das grandiose Bauwerk, das dort oben steht, am Rande des riesigen Bergparks mit seinen einzigartigen Kaskaden und dem alles überragenden Herkules. Es ist freilich keine mittelalterliche Burg, sondern eine perfekte Fälschung: Landgraf Wilhelm IX., der spätere Kurfürst Wilhelm I., hat das vieltürmige Bauwerk erst vor rund 200 Jahren nach dem Vorbild englischer Ritterburgen errichten lassen, und zwar als Ruine, weil damals nicht nur die höfische Gesellschaft für romantische Ruinen schwärmte. Auch der Burggraben, ein Landschaftsgarten nach englischem Vorbild und ein Turnierplatz durften nicht fehlen.

Nun, eines ist sicher: Über die Maßen geliebt hat Landgraf Wilhelm seine Löwenburg da oben auf der Wilhelmshöhe. Er ließ sich gar in der dortigen Gruft bestatten.

Um seinen Tod, die Gruft und die noch heute in der Waffenkammer der Burg aufbewahrte Rüstung des Schwarzen Ritters rankt sich eine schaurige Legende. Der Landgraf habe für sich, so erzählt man, in seiner auf mittelalterlich getrimmten Burg auch ein Begräbnis nach streng mittelalterlichem Brauch bestimmt. Mit einem Schwarzen Ritter, der die Totenwache halten sollte. Es fand sich ein junger Mann aus dem Gefolge, der die Rüstung anlegte und mehrere Tage und Nächte in der Kapelle der Burg die Totenwache übernahm. Als der junge Totenwächter wenig später ins Fieber fiel, wie vom Teufel besessen erschien und alsbald dahinschied, machte schnell das Gerücht von einer verfluchten Rüstung die Runde. Wer sie berührt, so hieß es, überlebt die Nacht nicht.

Dabei waren vermutlich keine bösen Kräfte im Spiel, als der arme Schwarze viel zu jung verstarb. Vielmehr dürfte er sich den sprichwörtlichen Tod geholt haben, als er in der kalten Kapelle Tag und Nacht Wache hielt und die feuchte Kälte unaufhaltsam in seine eiserne Rüstung kroch.

Doch sicher ist sicher: Wer sich heute in die Waffenkammer der Löwenburg begibt, der sollte sich von der Rüstung des Schwarzen Ritters besser fernhalten.

# Die Igelsburg

## Lasterhafte Jungfrauen, eine Kuh und ein kluges Kind

*M*an sucht sie vergebens, die Igelsburg, die in uralten Zeiten wohl einmal eine karolingische Befestigungsanlage war und Engelsburg hieß. Längst hat die Natur das hügelige Terrain am nordöstlichen Rande des Habichtswaldes, da, wo der Blick auf den Dörnberg fällt, überwuchert. Und doch: Wer den dornigen Pfad bergaufwärts wandert, lässt unwillkürlich den Blick schweifen über Hänge und Schluchten, Lichtungen und Felsgestein. Und er könnte unversehens auf ein kleines, eisernes Tor stoßen, das sich knarrend öffnet und in felsigem Gewölbe unermessliche Schätze offenbart: Gold, Silber und Edelsteine. So jedenfalls erzählt es die Sage von den törichten Jungfrauen, die Gott mit Blitz und Donner in den Felsen unter der Igelsburg verbannte, weil sie ein lasterhaftes Klosterleben führten und nur von einem unschuldigen Kind erlöst werden konnten.

Dies soll vor langer, langer Zeit einem armen Hirtenjungen gelungen sein. Sein Vater hatte ihm aufgetragen, den Verbleib einer Kuh auszuforschen, die Tag für Tag verschwand und abends mit leerem Euter zur Weide zurückkehrte. „Häng dich an ihren Schwanz", befahl er, „und schau, wo sie hingeht." Der Knabe folgte brav der Kuh, stolperte über Stock und Stein in den Wald hinein, bis er mit einem Mal vor dem geheimnisvollen Tor stand. Das öffnete sich wie von selbst und da glänzte und gleißte es.

Mitten in der Schatzkammer aber erblickte er schöne, junge Frauen, die schauten ihn betrübt an. Und auf einem Tisch leuchtete ihm ein herrlicher Strauß Schlüsselblumen entgegen. Wie nun das Kind, vom Glanz der Schätze geblendet, verdattert dastand, raunte ihm eine sanfte Frauenstimme zu: „Nimm dir das Schönste, was du hier siehst!" Da riss der Knabe die Himmelsschlüssel vom Tisch und rannte davon, der elterlichen Hütte zu. Erzählte atemlos, was er gesehen hatte. Musste sich das Geschrei anhören: „Ach, was für ein Dummkopf du bist! Warum hat Gott uns mit dir bestraft? Gleich morgen führst du uns in die Schatzhöhle."

Und so gingen sie, Vater und Sohn, zwei ganze Tage lang. Gingen mit leeren Säcken hinein und kamen mit vollen wieder heraus. Fanden dann, am dritten Tag, das Tor nicht mehr – die Himmelsschlüssel waren verwelkt, die Jungfrauen erlöst, der Spuk zu Ende. Der Kuhhirt aber nannte sich und seine Familie fortan Freiherren von der Igelsburg.

# Der Dörnberg

Der Wichtelkönig,

ein Ehebruch und

der wilde Jäger

*N*icht hinter den sieben Bergen, sondern inmitten von sieben Bergen liegt Zierenberg. Der erhabenste jener Berge ist der Hohe Dörnberg, der seine imposante Alpenflora auf zwei Rundwanderwegen zur Schau stellt. Schroffe Felsklippen, wie die Helfensteine, laden zum Klettern ein, den Bezwinger belohnen zauberhafte Rundblicke in die umliegenden Täler und Wälder. Der Hohlestein, eine künstlich angelegte Basaltsteingrube, ist vermutlich Teil einer Kult-, Begräbnis- und Opferstätte der Kelten aus dem 3. Jahrhundert vor Christus.

An der Nordwestseite des Dörnbergs erhebt sich ein mächtiger Basaltfelsen, der Blumenstein, auch „Wichtelkirche" genannt. Im Schoß des Berges, erzählt eine Sage, wohnte einst ein Wichtelkönig, der eines Tages eine liebliche Jungfrau am Abhang des Berges gewahrte – und sich sofort verliebte. Eines anderen Tages wagte sich das Mädchen, sein Name war Gotelind, abermals in das Reich der Wichtel, um Blumen zu pflücken. Schläfrig geworden, legte sie sich ins Gras und schlummerte ein. Da näherte sich ihr der Wichtelkönig in Menschengestalt, küsste sie, gestand ihr seine Liebe und trug ihr seine Hand, seine Schätze und sein ganzes Wichtelkönigreich an.

Gotelind lehnte ab: Mit einem Heiden könne sie sich nicht vermählen, worauf ihr der König eine christliche Trauung in einer eigens für sie errichteten Kirche versprach. Da willigt das Mädchen ein. Die Johannisnacht kam, der vereinbarte Hochzeitstermin. Üppig ergoss der Vollmond sein milchiges Licht über die basaltige Landschaft – und über ein prachtvolles Kirchlein, das der Wichtelkönig von seinen Untertanen flugs hatte erbauen lassen. Feierlich marschierte das Paar in die Kapelle ein. Doch als der Priester fragte, ob sie den ihr Anvertrauten lieben wolle, bis dass der Tod sie scheide, rief Gotelind plötzlich „Nein" – wohl erfasst von einer dumpfen Ahnung, dass dieser lediglich pro forma christlichen Vermählung die spirituelle Substanz fehle.

Was diesem „Nein" unmittelbar folgte? Nun, der Wichtelkönig erstarrte und furchtbare Donnerschläge erschütterten die Kirche. Dort, wo der festlich geschmückte und beleuchtete Bau eben noch

gestanden hatte, erhoben sich jetzt kahle Felsen in Form einer Kirche. Gotelind sei beim Erwachen der Morgenröte innerlich befreit zu den Ihren ins Tal zurückgekehrt, heißt es. Ob sie sich nicht doch gelegentlich nach dem kleinwüchsigen Verehrer gesehnt hat? Immerhin nannte dieser einen der spektakulärsten Orte des Dörnbergmassivs sein Eigen.

Auch die anderen sechs Berge um Zierenberg bestechen durch geologische wie botanische Besonderheiten. Im Mittelalter waren fast alle von Burgen bekrönt; hie und da erzählen noch Ruinenreste von der wehrhaften Vergangenheit. Zweien dieser Burgen, denen auf den Gudenbergen, verdankt das schmucke Städtchen, so eine andere Sage, seine Existenz. So soll auf der oberen Burg der Herr Grope von Gudenberg mit seiner liebreizenden Frau gelebt haben, auf der unteren Burg der Herr Eckhard von Gudenberg, der mit der wunderschönen Frau Grope anbandelte. Das ehebrecherische Treiben erzürnte den gehörnten Gemahl, der sich finsteren Racheplänen hingab: Er half Landgraf Heinrich von Hessen, die beiden

Burgen, die er bis dahin vergeblich belagert hatte, zu erobern – und letztlich zu zerstören. So bewirkte also ein Ehebruch die Zerstörung gleich zweier Burgen.

Was aus den Rivalen und der untreuen Gattin wurde, darüber schweigt sich die Sage aus. Dafür erwähnt sie weitere Nutznießer des Konfliktes: die Einwohner der umliegenden Dörfer, die dem Landgrafen treue Dienste geleistet hatten. Aus Dankbarkeit schenkte er ihnen das Gebiet um den Bärenberg und die Gudenberge, an deren Osthang die Begünstigten eine neue Siedlung errichteten, die sie Zierenberg nannten.

Die Häuser bauten sie aus den Steinen der eroberten Burgen. Und jedes ihrer Fenster gewährte ihnen den Anblick eines anderen Berges, der ihnen voller Geheimnisse zu sein schien. Der wilde Jäger etwa, in anderen Orten Hessens lediglich akustisch wahrnehmbar, hier ließ er sich gelegentlich auch blicken. Mit hundert kläffenden und heulenden Hunden soll er auf einem weißem Ross in tosendem Sturm über die Bäume der Gudenberge galoppiert sein.

# Bildunterschriften

***Nordhessen***

Iris Endisch
und Jürgen Nolte
Ein Bildband in Farbe
72 S., geb., ca. 100 Farbfotos
ISBN 978-3-8313-2327-2

deutsch english français

Iris Endisch • Jürgen Nolte

Wartberg Verlag

# Nordhessen

In Nordhessen findet man eine der schönsten Mittelgebirgslandschaften Deutschlands. Im Osten der Hohe Meißner, im Süden der Knüll, im Westen das Waldecker Upland und im Norden der Reinhardswald, präsentieren sich hier anmutige Höhen und Täler mit heimeligen Fachwerkstädtchen, die viele architektonische und kunsthistorische Kostbarkeiten bergen.

Dieser Bildband lädt Sie zu einer Rundreise durch das kurhessische Bergland ein. Entdecken Sie mit eigenen Augen das Land zwischen Fulda, Werra, Eder, Diemel und Weser.